I0839977

PUNTO EQUITATIVO

BARAHONA Y MÁS

LUIS TERRERO MELO

LUIS TERRERO MELO

PUNTO EQUITATIVO

BARAHONA Y MÁS

Copyright © 2018
Autor: **Luis Terrero Melo**
Título original: ***Punto Equitativo / Barahona y Más***

Revisión-Corrección
Mercedes Aracena

Diseño
Edison Núñez

ISBN-13: 978-1985731745
ISBN-10: 1985731746

Todos Los Derechos Están Reservados.
Este libro no puede ser reproducido total o parcialmente sin la
autorización escrita del autor

Printed in the United States of America
Impreso en los Estados Unidos de América

La política y la religión son dos ciencias relativas en sus genialidades y estupideces, y en ocasiones en ambas cosas

El lápiz y el papel se conjugan perfectamente con el pensamiento y se convierten en arma de guerra o de paz

La política en "República Dominicana" es un abono para la pobreza

Dedicatoria:

Al Profesor Bolívar Espinosa, quien dedicó su vida a la enseñanza e inculcó valores morales y cívicos.

También a quienes aman buscar el equilibrio en todas las cosas, y a quienes saben que los espacios del mundo deben ser balanceados con honestidad y la lucha constante por un mundo mejor para cada ser.

A mi pueblo natal, El Peñón, al igual que los demás pueblos de mi adorada provincia, Barahona, La Perla de Sur, la cual anhelo ver convertida en guía para la buena convivencia y la pureza del planeta.

Presentación

Todo tiene un porque en la vida.

Cada cosa tiene su equidad, pero el mundo lo olvida porque todo lo quiere llevar a sus propios intereses.

A veces me visto de coraje, de impotencia, y veo que lo hermoso se pierde y las diabluras se agigantan, vestidas de buenas intenciones, que encierra lo mismo: la búsqueda personal, las resonancias de grandezas individuales.

Este libro ha sido formado por artículos que me han motivado, porque a veces caen lágrimas del cielo de tanta indignación que definen a mi país. Una isla de tesoros, una isla de pobrezas, más humanas que de otra índole. Muchas veces me pregunto a dónde llegaremos con tanta ignominia y con tanta indiferencia.

Desde este lado del mar veo los resultados de un sistema que no ayuda, de poderes complacientes de los apoderados, y un pueblo carcomido por la incertidumbre y el deseo de formar parte de un punto central que debería acoger a todos.

Con mis puntos de vista expuestos aquí, lo que mayormente ansío es que mi patria converja, en ese espacio hermoso que tenemos, con otros entornos que claman soluciones, y tienen hambre de ser tomados en cuenta.

Después de todo, de eso se trata el mundo, de compartir lo mejor, y de juntos depurar las cosas malas y enfermizas.

Las manos deben abrirse para dar y recibir, no solo para tomar, y mucho menos para exprimir.

Un Punto Equitativo, El Sur Profundo, Barahona y más, puede ser cualquier parte, porque ningún punto de mi país está libre de dolor y de impunidad.

PUNTO EQUITATIVO

BARAHONA Y MÁS

La pared de la Ciénaga

Los barahoneros no se oponen al progreso de una región que realmente necesita desarrollarse. El proyecto "Perla del Sur" en las localidades Bahoruco y la Ciénaga de la provincia de Barahona es bienvenido e inclusive con una pared que ornamente y compagine con el desarrollo de la región, pero que obedezca a las normas legales. La pared no debe ser una excusa para esconder la miseria de un pueblo que se está cayendo a pedazos. Tampoco debe justificarse a nombre del potencial turístico de Barahona.

En lo personal, creo innecesario construir una pared que oculte el sol y la luna, aunque el diseño es cuestionable además contrasta con el mismo desarrollo turístico, esa pared debió ser mejor pensada y discutida antes de que desencadenara en un conflicto comunal.

Una pared de esa magnitud es como plagiar el poema de Pedro Mir titulado "Hay un país en el mundo" y llamarlo "Hay una pared en la Ciénaga" para utilizar las mismas palabras e imágenes literarias de nuestro poeta nacional.

La solución al conflicto se plantea como una manera preventiva o sea antes del conflicto; pues el producto de un planteamiento luego de un conflicto es la reacción, y eso no es bueno, aunque entiendo que es mejor reaccionar, que hacer nada al respecto; eso fue lo que hicieron algunos ciudadanos luego del conflicto. Los líderes efectivos son pro-activos, y saben reaccionar cuando es necesario.

Un proyecto de la magnitud del "Perla del Sur" solamente es viable si se analiza y se le hace planteamientos de diversas índoles. Creo que los analistas o planeadores debieron incluir un análisis respecto al contraste de la pared y el panorama de la localidad, de la misma manera que plantearon la protección al turista, lo cual es otro tópico a discutir.

Creo que los analistas y arquitectos no obviaron los detalles de la pared, de haber sido así, un equipo de colegas arquitectos y yo estamos dispuestos a plantear otras soluciones sin ningún interés a cambio, excepto el mejoramiento al panorama de la localidad.

La creación:
asunto de fe y conocimientos

Todo es cuestión de interpretación, mensajes sublimes aquí, en esta pintura o en aquella, mensajes sublimes en este libro o en aquel. Hasta cierto punto es verdad que muchos de esos mensajes sublimes son interpretaciones del observador tanto en pinturas como en libros. También sucede en las películas, en los programas radiales y televisivos, y en promociones de todo tipo.

A veces nos preguntamos quién fue primero el huevo o la gallina. Pero con respecto al ser humano pocos cuestionamos de dónde proviene. Desde el punto de vista religioso la fe y el gnosticismo han venido tomados de la mano, aunque existen muchas contradicciones respecto a estos tópicos. Partiendo del punto de vista de la fe, se nos ha enseñado que no debemos cuestionar la existencia, pero desde el punto de vista gnóstico, debemos indagar su origen.

Yo acojo el punto de vista de la fe, y le añado una dosis de gnosticismo, que dicho sea de paso tampoco tiene la respuesta sobre el origen de muchas cosas. Me atrevo a ir un poco más lejos al elaborar brevemente acerca del "androginismo o hermafrodismo y dimorfismo". En el *androginismo o hermafrodismo*, los seres poseen ambos sexos, por ende, cuentan con la posible capacidad de engendrar por sí mismos. Mientras que en el *dimorfismo*, los seres cambian de sexo de manera conveniente según su necesidad reproductiva.

Aunque no tengo la respuesta a lo de la gallina y el huevo, no creo que el huevo se haya engendrado a sí mismo y de hecho desconozco la participación del gallo en el origen del huevo. Entonces la pregunta sería ¿Cuál es el origen de la gallina? ¿Habrá sido andrógina o dimorfa?

Creo que es cuestión de fe, pero también creo, que es cuestión de fe creer que el ser humano fue creado, y que luego evolucionó, independientemente de cómo se originó la creación y la evolución. Una cosa es cierta, hubo creación, de lo contrario no existiéramos.

Respecto al ser humano pregunto: ¿Quién fue primero, la madre o el hijo? Desde mi punto de vista, no creo que el hijo se haya engendrado a sí mismo y de hecho sabemos que es engendrado por la madre y el padre, o sea hombre y mujer, aunque el primero no fue engendrado, sino creado, porque sencillamente el hombre no existía, tampoco existía la mujer, lo cual es otra interrogante.

Tampoco existía el universo, razón por la cual muchos cuestionan la existencia del creador, agregando más interrogantes sin respuestas. Algunos dirían que es cuestión de fe y otros que es asunto de conocimiento lógico o gnosticismo, repito, el cual tampoco tiene la respuesta al origen de las cosas. Entonces, creo que la respuesta es relacionada a la fe, al gnosticismo, o a una combinación de ambas.

Las respuestas a esas preguntas tal vez las obtengamos viajando al futuro y retornando al pasado, ¿Recuerdan la película "Retorno al Futuro"? Creo que el origen del hombre se remonta a la creación de la tierra, y esta a la creación del universo, pero ¿Cómo y cuándo se creó el universo o quién lo creó? Eso lo sabremos en el futuro, tal vez en el futuro-pasado. De cualquier manera, prefiero creer que el universo y el mundo fueron creados, ya fuese primeramente el universo atreves de lo que conocemos como el *"Big Bang"* o a través del creador, Dios, y luego la creación de la tierra y después el hombre. Otra pregunta interesante es ¿Cuál es el sexo del creador del universo y del ser humano? En algún momento esta pregunta la hubiese hecho Santo Tomás, quien se interesaba en la fe atreves del conocimiento gnóstico.

En este preámbulo, los tainos tenían definido la creación del mundo y quien lo creó, algo que nosotros aun no hemos logrado esclarecer. Desde el punto de vista de los tainos es claro quien puso el huevo y quien parió al hijo. En el mundo de los tainos todo se origina de la madre a quien ellos denominaban **Atabey**, deidad suprema, madre de las aguas, y también de **Yucahu**, deidad masculina y fértil. O sea que la creación, además de interpretación, es asunto de fe y de conocimientos.

Bahía de las Águilas

Aunque mucha gente esté en desacuerdo, cualquier tipo de infraestructura en los alrededores de la playa Bahía de las Águilas, para mí "Bahía de los Guaraguaos", causaría enormes daños al ecosistema, incluyendo la fauna terrestre y acuática. Claro, existen alternativas, que reducen el impacto, pero todas son invasivas y por lo tanto son nocivas. En cambio debemos protegerla, incluso del turismo interno.

El suroeste tiene muchísimo potencial turístico. Lo que sucede es que debe hacerse con estudios profundos que arrojen resultados que ayuden a mitigar o a desarrollar iniciativas favorables para el ecosistema y la población y no al bolsillo de un puñado que se aprovecha de los recursos y las necesidades del pueblo. Todo el que conoce a Bahía de las Águilas sabe que es hermosísima, pero esa hermosura también es sensitiva. Esa zona no debe ser explotada infraestructuralmente, y voy un poco más lejos, la cementera que está en esos alrededores debe ser relocalizada.

Bahía de las águilas tiene otras ventajas naturales con relación a las playas del este, y las del norte ya que estas están perdiendo su esencia, debido a la contaminación y al ultraje; de hecho una gran cantidad de mariscos sureños suplen el consumo de los hoteles del este debido a su gran calidad y bajo costo, esa calidad se debe a la baja contaminación de las aguas de la región sur. En cuanto al ultraje, las playas del este son públicas, pero los hoteleros prohíben el paso a quienes no se hospedan en sus hoteles, lo que es equivalente a privado o a violación de la ley pública, pero el estado se hace de la vista gorda. Además, las playas del suroeste están localizadas en aéreas vírgenes que deben ser protegidas antes de que sea muy tarde. Pues debemos aprender de nuestros errores.

No me opongo al desarrollo consciente. La carretera norte sur o la carretera internacional, la presa de Monte Grande y otras obras se pueden construir bajo otras condiciones ambientales que sean satisfactorias, pero las autoridades se hacen los chivos locos y todo lo hacen, como decimos, "a lo loco". Bahía de las águilas es un caso muy diferente; la zona árida, a unos cuantos metros de la playa, está en peligro. La biodiversidad en los humedales, también a unos cuantos metros de la playa, está desapareciendo. Imagínense a ese hermoso lugar nublado de infraestructuras; en dos o tres años no quedarán ni los dos o tres pelícanos que aun habitan ahí y ni las iguanas que han rehusado morir resistirían seguir viviendo, solo por mencionar dos especies populares en peligro de extinción.

Una de las alternativas menos dañinas es construir infraestructuras alejadas de esa zona y transportar a los turistas hacia un punto estratégico, como se hace ahora, y desde ahí utilizar botes para llegar a la playa. Es un modo de transportación agradable que ofrece un paseo con excelente vista panorámica. También se podría construir un tramo que no dañe la ecología del área para que el turista pueda entrar o salir de la zona, siempre protegiendo el área. Yo mismo no tengo ningún inconveniente hospedándome en un hotel fuera de la zona y transportarme a la playa.

No al Decreto Migratorio

Todos estamos de acuerdo que debemos proteger esta gran nación y creo que lo estamos haciendo de la manera correcta. La decisión de los jueces de la Corte de Apelación de los Estados Unidos fue conforme a la constitución. También creo que siempre hay espacio para mejorar las leyes, pero no por decretos, a menos que sea absolutamente necesario. Cuando se quiere formular o implementar leyes, debe ser con racionalidad y no por capricho. Esto quiere decir que el gobierno debe contar con la aprobación, aunque sea por diplomacia, del sistema legislativo, ejecutivo y judicial de la nación. No es justo ni constitucional que se busque contactos externos, sin tener la prudencia de permitir la participación de esas ramas en el proceso de creación de leyes.

En una democracia como la nuestra, en la que existe la separación de poderes entre las ramas más influyentes del estado, es indispensable prestar atención al justo balance de poderes al interpretar las leyes constitucionales sin que se permita el exceso de influencia a ninguna de las ramas gubernamentales. Las leyes deben ser legisladas, canalizadas y ejecutadas por esos tres poderes que además velan por su debida aplicación. Cualquier desbalance entre ellos conllevaría a fallos constitucionales que irían en detrimento de la nación. Es como una familia disfuncional, cuando uno de los familiares es afectado por un mal los demás sufren las consecuencias.

El decreto migratorio no fue formulado de la manera apropiada para este tipo de política, tampoco fue redactado de acuerdo a la constitución; por eso fue rechazado por la Corte de Apelación. Las leyes no se formulan de modo irracional; formular leyes de la manera correcta, es un proceso legal y jurídico que toma tiempo. Ahora bien, los decretos, que parecen autoritarios, están dentro de la legalidad y se ejecutan con el debido respeto a la legalidad constitucional del asunto y de acuerdo a los estándares éticos.

Las leyes deben ser pensadas claramente, analizadas, debatidas, redactadas, revisadas y corregidas, aprobadas y luego ejecutadas antes de ser emitidas. También debe dársele seguimiento para mejorarlas. Todo esto es hecho por profesionales debidamente acreditados, esto incluye a los concejales jurídicos constitucionales. De lo contrario, las leyes pueden ser rechazadas por las diferentes cortes del estado, en este caso, la Corte de Apelación.

Los estándares constitucionales son obedientes a los estándares éticos. De acuerdo a la ética, los sentimientos o resentimiento personales no son parte de los estándares constitucionales, sino que rigen la conducta profesional de los incumbentes gubernamentales. Esto tiene mucho que ver con la formulación de leyes, pues la tendencia a crear leyes puede ser generada por individuos cuyas creencias pueden afectar negativamente o positivamente los principios éticos y por ende a la constitución que rige a la nación.

El decreto migratorio le faltó el respeto a la ética, la lógica y la constitucionalidad. Que no quepa la menor duda que ética y valores morales son dos cosas diferentes. Los valores personales tienen que ver con los principios morales; cuando se trata de leyes, aunque parezca ambiguo, las dos cosas se relacionan, pero lo personal debe quedar fuera porque lo que cuenta es lo ético, lógico y constitucional, que debe ser orientado hacia la razón por la cual se formulan las leyes y no en base al capricho de quienes las formulan. Por lo tanto es incorrecto imponer leyes sin el debido conocimiento de quienes representan la constitución, que al mismo tiempo velan por la democracia de esta nación.

En este caso el poder judicial no tuvo la oportunidad de ejercer su derecho constitucional. El decreto migratorio pudo haber sido propuesto conforme a la constitución, pero no fue ese el caso, por tal razón no estoy de acuerdo con el decreto migratorio.

Creer en la gente

Siempre he creído en la gente y en eso de que "sí se puede" pero a decir verdad tras las elecciones del 2016, tanto en la República Dominicana como en los Estados Unidos. He reflexionado arribando a la dolorosa conclusión de que hay gente en la que no se puede creer y en quienes "no se puede" confiar.

La ignorancia es un factor enorme al considerar decisiones racionales. Es tan enorme que es ilimitado en las mentes de los que duermen con ella, por lo cual, debemos estar preparados para tolerar opiniones y comportamientos que difieran de los nuestros aunque eso no significa quedarnos parados con los brazos cruzados. Debemos alimentar la conciencia estrecha de gente tosca para ayudarlos a crecer y alcanzar un razonamiento sabio y justo.

Es doloroso caminar hacia nuevos horizontes con los brazos abiertos y abrazar a quienes han tirado por el suelo lo que con tanto sacrificio se ha logrado construir. Sin embargo, debemos seguir caminado, creyendo en la gente, confiando en nuestros hermanos, pero a partir de ahora mantengamos los ojos abiertos y defendámonos de la sabia sutileza que alberga en la mente de algunos ignorantes que proyectan una imagen de buena persona y en la contrariedad de las cosas se hacen creer que son sabios y justos.

Como decimos los dominicanos: "me cogieron de pendejo", pero lo importante es que ya sé quién es quién.

Preservación de la historia

En todos los países y hasta en el universo existen nombres destacados. Algunos son nombres de calles, pueblos, personas, estrellas y hasta constelaciones. Otros son tan viejos que ya existían antes que los días. Al menos, así lo hizo saber Homero en la Ilíada y la Odisea.

En días pasados visité una de las ciudades más antiguas en la costa suratlántica de los Estados Unidos, la histórica ciudad de Charleston en Carolina del Sur. Como gran aventurero a bordo de un pequeño auto modelo Río, sin saber hacia dónde iba, navegué hasta llegar al final de la autovía Interestatal 26 (I 26). A partir de ahí, la ruta se ramificaba en dos: una seguía ligeramente hacia la izquierda y la otra hacia la derecha en dirección a Savannah, GA, histórica ciudad al sur de las Carolinas, indeciso me quedé en medio de la autopista, pero la intuición me sugería seguir hacia el lado izquierdo, pues presentía que me conduciría al final de la lejanía.

Al notar la presencia de un carro patrullero acercarse a gran velocidad emprendí la marcha siguiendo la ruta izquierda y pronto me encontré en un hermoso parque donde la calle **Meeting Street** se encontraba con la calle **South Battery**. Nuevamente tuve que escoger entre dos rutas: una hacia la izquierda y otra hacia la derecha. Esta vez me dirigí hacia la derecha y maravillado por la hermosura de las viejas estructuras, tanto naturales como artificiales, le di la vuelta al parque y luego a la ciudad. Recorrí calles construidas de ladrillos y piedras colocados en tiempos de la guerra civil, cuando las limosinas eran carrozas haladas por caballos de paso fino.

Regresé al parque, **White Point Garden**, el cual estaba adornado por docenas de árboles centenarios muy bien cuidados, cañones de la guerra civil y una estatua en honor a los soldados confederados, un legado histórico de la guerra que ganaron los soldados de la Unión. Caminé asombrado sobre un piso de concreto relleno con arena y caracoles de ostras extraídos de la bahía. En el centro del parque había una glorieta antigua que me recordó a mi natal **Barahona**.

Proseguí caminando alucinado por la historia y la hermosura del lugar donde los transeúntes, en su gran mayoría turistas que disfrutaban la sombra de los árboles centenarios del parque o que al igual que yo escudriñaban la historia, mientras otros se paseaban por el malecón. Me saludaban alegremente sin importar raza ni color.

Fascinado indagué la rareza de los nombres: **South Battery Street**, el cual significa calle **Batería Sur**, aquí no estamos hablando de las baterías de carros, sino de un término militar que significa contingente de guerra o sea una guarnición de soldados con artillería pesada que ocupaba el parque durante la guerra civil. **Meeting Stree**t, calle **El Encuentro**, era el camino que conducía al encuentro con los soldados de la Batería Sur, quienes se encontraban estacionados en el parque **White Point Garden**, que significa **Jardín Punto Blanco** debido a la brillantez de los caracoles de ostras.

Es justo mencionar que las infraestructuras de la ciudad y los árboles son celosamente acondicionados y cuidados para su preservación. Los incumbentes de ésta histórica cuidad han puesto gran esmero en su mantenimiento y han sabido capitalizar las inversiones.

El motivo de este artículo es inculcar conciencia en nuestras autoridades y conciudadanos, especialmente a nuestros jóvenes, para que conozcan la historia y que la preserven sin ambivalencias.

Amadeus engañó la Justicia

El presidente de la sociedad Amadeus, quien también es llamado por ese mismo nombre, es un líder en corrupción corporativa, quien fue un consagrado estudioso del lado negro de la filosofía. Tiene estrechas relaciones con empresarios privados, públicos, agentes policiales y militares de alto rango a quienes manipula a su antojo. También es un experto jurista especializado en *"El Arte de Engañar"*, por eso casi siempre se sale con las suyas.

El habilidoso Amadeus tuvo la fortuna de haber estudiado las obras de destacados filósofos y políticos antiguos y contemporáneos, entre ellas, las teorías de liderazgo y la ética de Sócrates, Platón y Aristóteles. También estudió "El Príncipe" de Maquiavelo, "El Arte de la Guerra de Sun Tzu, "El Capital, La Burguesía y el Proletariado" ambas de Carlos Marx, "Composición Social Dominicana" del Profesor Juan Bosch y la "Isla al *revés*" de Joaquín Balaguer a través de las cuales tuvo la habilidad de denotar que su comportamiento violaba las leyes y que podía ser castigado, por lo que supo cubrir sus indiscreciones acorde con un modo de legalidad injusta.

Al cabo de los años, la reputación de Amadeus fue aumentando hasta sobrepasar a los maestros. Amadeus llegó a consagrarse como el máximo líder corporativo de la nación dominicana en asuntos ilícitos convertidos en *lícitos*.

Aunque en la actualidad, el térmíno "crimen" no tiene una definición aceptada colectivamente, se admite la noción de que es un delito perjudicial cometido por individuos, contra otros individuos o en contra de la sociedad. Algunos ejemplos son violaciones, asesinatos, robos, fraudes, etc. El sociólogo Paul W. Tappan en 1947 lo definió como una violación de la ley que es sancionada por el estado. Esto conllevó a que Amadeus ejerciera su influencia política para ejecutar cambios constitucionales que lo favorecieran.

En 1939, el sociólogo llamado Edwin Sutherland definió corrupción corporativa como un crimen cometido, en el curso de una carrera, por personas respetables quienes disfrutan de un estatus social alto y ocupan posiciones de alta confianza. Es exactamente así como se destaca Amadeus, quien era un alto ejecutivo de empresas privadas y la máxima figura pública en utilizar a la República Dominicana como una corporación que le seguía el juego a los políticos corruptos. Pero pronto comenzó a sudar la gota gorda y para mostrar pulcritud vestía su cuerpo con camisas de cuello blanco.

El crimen corporativo o *Crimen de Cuello Blanco,* es un tema complejo y controvertido cuya definición más aceptada lo refiere como un delito económico, no violento, cometido por profesionales tanto de negocios privados, como gubernamentales. Se trata de nociones de engaño, ocultación, manipulación y abuso de confianza. Se ha convertido en un conglomerado de delitos como fraudes, delitos informáticos, robos de identidades, sobornos, falsificaciones de documentos, falsas inversiones, e inclusive, delitos corporativos contra la salud, la seguridad y el medio ambiente. Así lo dijo la profesora Hazell Croall en 2001. Amadeus se ha visto involucrado en todos esos actos delictivos.

Como consecuencia de los actos delictivos de Amadeus, la República Dominicana ha quedado marcada por daños morales, éticos y económicos que tardarán décadas repararse. Recordemos el declive económico y el adverso efecto moral y ético de la sociedad dominicana desde el año 2000 hasta el presente. Refresquemos la memoria trayendo a relucir algunos de esos eventos delictivos en los que estuvo involucrado Amadeus y la corporación que preside: los casos de José Augusto Figueroa, Quirino Paulino, la matanza de Paya, el derrumbe del banco Peravia, la compra de los aviones tucanos, el caso de la Barrick Gold, los casos de Félix Bautista, y el caso del brasilero Joao Santana y la política dominicana, entre otros.

Amadeus se ha burlado de la justicia. Se salió con las suyas a pesar de que estos tipos de delitos criminales conllevan castigos penales.

El arte de engañar: Neutralizar a Amadeus

En primer lugar, quiero agradecer al Departamento Nacional de Investigaciones (DNI), su participación en la investigación secreta denominada Operación Neutralizando a Amadeus. Es un privilegio trabajar con un grupo selecto de individuos altamente calificados en el arte de engañar. El DNI ha sido informado que organizaciones extremistas extranjeras afiliadas a la Sociedad Amadeus y otros grupos nacionales se han infiltrado en la República Dominicana con intenciones de recopilar información crítica que podría conllevar a desestabilizar el proceso democrático de las elecciones presidenciales de esta gran nación; lo cual implicaría graves consecuencias.

Nuestra nación posee uno de los papeles principales en la democracia del mundo porque es la esperanza para que países oprimidos sueñen con vivir en una sociedad libre; por eso, se ha convertido en el centro de atención para los que nos aman y los que nos odian. Hoy nuestra nación y su sistema democrático han sido amenazados. Tenemos que hacer todo lo posible para protegernos de quienes nos odian.

Tengan en cuenta que la Sociedad Amadeus ha sido identificada como una de las organizaciones locales que patrocinan la inestabilidad. La Sociedad Amadeus es una organización que ofrece formación para la desobediencia civil, resistencia creativa, medios de comunicación y tácticas de manipulación de los medios de comunicación. Aunque se identifica como una organización no violenta, sabemos que ha estado involucrada en este tipo de actividades, ya sea directa o indirectamente.

Los líderes de la sociedad Amadeus no toman en consideración ni respetan la ley. En Enero del 2013, la dirección de la Sociedad Amadeus fue la responsable de la planificación y logística de una protesta contra la Convención del Partido Revolucionario Dominicano (PRD) en la ciudad de Santo Domingo, la cual resultó en lesiones a varios miembros del partido, igual que a algunos agentes policiales y causando daños a propiedades públicas y privadas. En Diciembre del 2015 sucedió algo parecido en la convención del Partido de la Liberación Dominicana (PLD) y recientemente en la Universidad autónoma de santo Domingo (UASD).

Tememos que ocurra algo similar en las elecciones nacionales. Es por eso que estamos tomando medidas de rigor que nos permitan prevenir una crisis política. Esta operación encubierta es un esfuerzo conjunto propuesto por el Comité de Revisiones en operaciones encubiertas y cuenta con la aprobación del Procurador de la Republica Dominicana. El DNI es la agencia principal en esta misión. El DNI ha desarrollado un plan de contrainsurgencia para obtener informaciones que nos permitirán identificar a las personas que han infringido la ley con la intención de desestabilizar nuestro modo de vida. Es imperativo ajustarse a las normas del DNI. Es importante saber que las informaciones obtenidas en esta operación encubierta ayudarán a disuadir y evitar futuras infiltraciones por parte de grupos indeseados.

Esta extensa investigación, llevada a cabo por el DNI, indica que ustedes son los agentes mejor calificados para ir encubiertos. Junto con el DNI y el Departamento de la Policía Nacional, ustedes se harán cargo de esta operación de suma importancia. Nuestra nación les pide su ayuda. No le pueden fallar. Estoy seguro que ustedes pondrán su mejor esfuerzo en esta misión, con adherencia a las mejores prácticas morales y éticas.

Su comportamiento dentro y fuera del servicio ha sido evaluado. Los resultados muestran altos valores morales y una conducta profesional impecable. Los agentes encubiertos siempre han enfrentado el dilema moral y ético debido a la complejidad de sus misiones. Sin embargo, se espera que ustedes representen esta organización con el más alto nivel de profesionalismo. Su comportamiento será un factor determinante para el logro de este objetivo.

Entiendo que ustedes conocen las reglas, sin embargo, tengo que destacar que esta investigación requiere su participación directa o indirecta en actividades que pueden ser ilegales o que pueden ir en contra de sus valores morales y el código de conducta profesional. Recuerden que se les permite continuar con algunas de esas actividades, siempre y cuando estén delineadas en el Código de operaciones de la dirección del DNI. Además, deben emplear las técnicas apropiadas para recopilar información o para ganarse la confianza de las personas en la organización que van a infiltrar sin revelar los detalles de la investigación y evitar detección. En otras palabras, deben vivir una doble vida "moral y ética" sin ser atrapados en ninguna de ellas.

Engañar a los demás es extremadamente importante para mantener la integridad profesional. Para ayudarlos a lograr esta tarea, el DNI ha proporcionado un paquete de bienvenida que incluye un librillo para el agente encubierto con la información sobre cómo comportarse en determinadas situaciones; no lo ignoren ya que puede haber consecuencias por violar las reglas. No tengan miedo de utilizar el librillo; si se enfrentan a un dilema moral o ético sobre la decisión correcta, háganlo saber, y les guiaremos por el camino correcto.

Ustedes tendrán que asistir a un entrenamiento contra motín y disturbios urbanos a efectuarse en la Academia de la Agencia Federal de Investigaciones de los Estados Unidos (FBI) en Quántico, Virginia, donde se les proporcionará detalles más específicos sobre sus funciones y responsabilidades. Además, se encontrarán con algunos de los miembros de la Operación Neutralizando a Amadeus, los cuales provienen de diferentes sectores y agencias gubernamentales como el Servicio de Investigación Criminal de Defensa (SICD); el cual se compone de un grupo muy selecto de agentes militares, como El Comando de Investigación Criminal del Ejercito Dominicano (CIED) y un grupo de investigadores privados cuidadosamente elegidos, quienes eran miembros del servicio militar. Allí, se les enseñará una variedad de técnicas y prácticas de inteligencia; la mayor parte de las cuales ya ustedes conocen, también se les instruirá acerca de los últimos desenvolvimientos políticos en este tipo de operaciones.

Después de completar la formación, volverán a sus distritos, donde el Agente Rafael Ninja tendrá la tarea de infiltrarse en la Sociedad Amadeus o sus filiales; mientras que el Agente Teodoro Kojak será asignado a trabajar en agencias involucradas con la Junta Central Electoral Dominicana (JCE) a nivel nacional. El tiempo es crítico para esta operación. Tenemos dos meses desde la fecha de esta carta, para averiguar todo lo posible acerca de las operaciones de Amadeus.

Ustedes han enfrentado retos significativos en sus vidas. Sin embargo no hay desafío mayor que el de proteger la vida de aquellos a quienes amamos y seguro que ustedes aman a los dominicanos. Por lo tanto, estoy seguro que ambos van a hacer todo lo posible para cumplir con los requisitos establecidos, y lo más importante, tendrán éxito.

La gente de nuestro amado país cuenta con ustedes. Ellos siempre estarán agradecidos por su servicio. En nombre de esta empoderada nación les expreso las gracias.

Para más información comuníquense con el Chapulín Colorado. Sinceramente,

Dick Tracy

Jefe Departamento Nacional de Investigaciones (DNI)

Nota: este escrito es una sátira acerca de las elecciones de este año.

Valores patrios

El público dominicano de Washington DC tuvo la oportunidad de presenciar al doctor Wilson Gómez Ramírez, Juez del Tribunal Constitucional (TC), quien presentó magistralmente la conferencia "Pensamiento del Padre de la Patria Juan Pablo Duarte". En la misma el doctor Gómez elaboró sobre la vida del patricio, sus ideales y visión del futuro dominicano, las diferentes funciones de los trinitarios para alcanzar la independencia dominicana; también elaboró sobre la constitución dominicana, los valores y símbolos emblemáticos nacionales.

El destacado conferencista resaltó el valioso papel que desempeñaron María Trinidad Sánchez y Concepción Bona en la confección de la Bandera Dominicana. El galano reveló los diferentes diseños del escudo nacional e identificó algunas imperfecciones aun sin corregir en el símbolo patrio. También destacó cada uno de los elementos del escudo y la bandera, incluyendo los colores y haciendo hincapié en la Biblia, específicamente el Evangelio según San Juan (Juan 8:31-38), la página en que está abierto el sagrado libro que posa sobre el Escudo Nacional: ***"La verdad os hará libres"***.

El doctor Gómez Ramírez recalcó la importancia de obedecer las normas correctas para el despliegue de la bandera, ya sea en oficinas y otros lugares públicos o privados. También destacó la grandiosa labor del destacado compositor Emilio Prud'homme al escribir el Himno Nacional dominicano y del maestro José Reyes al escribir la música del emblemático símbolo musical de la nación dominicana.

El evento celebrado a casa llena, fue ameno y se llevó a cabo en el Museo de Arte de las Américas (AMA) en la capital de los Estados Unidos, Washington DC. El evento contó con la participación de Andrés Navia, Director del Museo, quien fungió de anfitrión y de maestro de ceremonia. Estuvieron presentes personalidades de diferentes ámbitos sociales, entre ellos el embajador dominicano ante la OEA y destacado escritor Pedro Vergés, quien concluyó la ceremonia con una destacada reseña sobre Juan Pablo Duarte y la República Dominicana. Fue un honor para mí estar presente.

Resolver problemas

Los problemas son parte de la vida, por ende, es de humanos aprender a lidiar con los momentos difíciles que enfrentamos a diario, ya que estos pueden conllevar a emociones y comportamientos inadecuados.

Existen varias formas de resolver problemas, sencillamente es algo que se puede lograr en tres pasos, que aunque parezcan complejos no lo son, siempre y cuando la disposición y el buen manejo de las emociones no se interpongan en el asunto:

- *Primer paso (definir el problema): reconocer que existe una situación que amerita atención o sea reconocer que existe un problema; identificar la índole del problema.*

- *Segundo paso (desarrollar un plan): elaborar los detalles necesarios para alcanzar el objetivo deseado.*

- *Tercer paso (ejecutar el plan): poner en práctica los detalles mencionados en el desarrollo del plan (aplicar el método y coordinar los recursos).*

Me he referido brevemente a este tópico para identificarme con los problemas que estamos viviendo en nuestra nación, República Dominicana, y la inhabilidad de las autoridades para resolver problemas o sea la falta de disposición de nuestro gobierno para solucionar los problemas que afectan nuestro querido país.

Hemos visto como gobiernos anteriores y el presente se han desligado de la alta tasa de criminalidad, sugiriendo que es una ilusión, WAO, entonces tanto el presidente de la república como los ministros departamentales, el jefe de la Policía Nacional y el de las Fuerzas Armadas viven en "el país de las maravillas".

Recientemente, un incendio forestal destruyó gran parte de nuestra flora y fauna. Ni el gobierno, ni el Ministro de Medio Ambiente han hecho nada para remediar esa catástrofe nacional. Ni siquiera han replantado semillas para reforestar los lugares afectados.

Estamos viviendo momentos ambientales difíciles: nuestros ríos se están quedando sin agua debido a la gran deforestación y a la extracción de arena y otros materiales, y mientras el Departamento de Medio Ambiente no dice ni esta boca es mía.

Las montañas están siendo azotadas indiscriminadamente por las compañías mineras. La foresta está siendo saqueada por dominicanos y por nuestros vecinos haitianos, para verificar solo debemos mirar hacia los bosques y praderas, que hacen diez o quince años eran densos y verdes, pero ya no lo son. A estos problemas podemos agregarles los de salud y educación.

Ha quedado demostrado que el gobierno está indispuesto a resolver los problemas que aquejan a esta nación, de lo contrario debería hacer buen uso de la justicia y asegurarse que los fondos designados a los respectivos departamentos sean utilizados debidamente, a la vez que debe designar personal capacitado y con buena voluntad que identifique, desarrolle y ejecute un plan que ayude a solucionar las dificultades de esta rica tierra pero empobrecida nación.

Borrando la historia:
las ruinas de
San Francisco de Asís

Las ruinas del Monasterio San Francisco de Asís, están a punto de desaparecer de nuestra memoria y con ella se irá gran parte de la historia que dio inicio a la ciudad de Santo Domingo y al mundo nuevo.

El primer monasterio al oeste del mundo viejo, que por orden de Frey Nicolás de Ovando fue construido estratégicamente sobre la colina capitalina más cercana a la desembocadura del río Ozama para albergar a los primeros franciscanos del continente y que además de monasterio, sirvió de iglesia, hospital, cementerio y hasta de acueducto, está a punto de desaparecer.

En los ladrillos de esa monumental obra están incrustados gratos e ingratos momentos históricos. En ella los franciscanos oficiaban misas y asistían enfermos. Ahí fue sepultado Bartolomé Colón, en la puerta principal fue enterrado Alonso de Ojeda, en el patio estuvo la primera noria y la tina que reabasteció de agua a la ciudad colonial y en la historia reciente, durante el Gobierno de Horacio

Vásquez, se convirtió en el primer acueducto de Santo Domingo. En la era de Trujillo fue convertida en el manicomio Padre Billini. Esa obra maravillosa, que guarda grandes secretos a Nicolás de Ovando, la familia Colón, los Reyes Católicos y al Vaticano, sobrevivió terremotos, ciclones y las envestidas de Francis Drake, está a punto de sucumbir a intereses interpuestos a nuestra memoria y a nuestra cultura. Simplemente no podemos dejar que se esfume ante nuestras narices.

Debemos tener en cuenta que "quienes no conocen su historia están sujetos a repetirla", por lo tanto, si se permite este atropello a dicha infraestructura, estaríamos contribuyendo a borrar estos valores históricos, y con ellos las identidad cultural, como consecuencia, pronto nos encontraremos en un callejón sin salida, cometiendo los errores de antaño y sujetos a manipulaciones internas y externas, gracias a la intransigencia y la ignorancia.

Es vergonzoso que en pleno siglo XXI sigamos sumisos, sin elevar los valores culturales que están plasmados en obras arquitectónicas como las ruinas de San Francisco. Esas ruinas, que son un patrimonio nacional y universal pueden ser remozadas o reestructuradas sin que se cambie o se borre su arquitectura, porque en ellas está plasmada lo que las futuras generaciones deben conocer y mantener para que no vivan en ignominia.

Un derecho soberano

Como un país soberano República Dominicana tiene pleno derecho a revisar y regularizar sus leyes de acuerdo a las necesidades del país y sus ciudadanos, ya que los tiempos cambian y con ellos cambian las prioridades de la sociedad. El código migratorio de República Dominicana necesitaba ser revisado, ya que en casi cien años ningún gobierno lo había hecho.

Las autoridades gubernamentales decidieron examinar dichos estatutos, y determinaron que era necesario regularizar el flujo migratorio de ciudadanos y extranjeros de acuerdo a las normas vigentes. Como lo han hecho otros países, deben revisar la campaña de descrédito desde un punto de vista lógico, prudente, de manera respetuosa y mirándose en el espejo antes de llegar a conclusiones falsas.

República Dominicana es un país donde, además de haitianos, viven otros grupos étnicos y raciales, inclusive, nuestros ciudadanos son el producto de la mezcla de ese etnicismo y razas desde la llegada de Colón, por tanto, nuestra sociedad no puede ser una sociedad racista, de lo contrario, estaría auto discriminándose.

Recordemos que según la creencia popular los dominicanos blancos tienen el negro detrás de la oreja y los negros tienen su punto blanco aunque sea en el brillo de los dientes.

Se ha hablado mucho de "racismo" pero ¿a qué se refieren en realidad? Es obvio que quienes así opinan están sacándole ventaja política o diplomática al contexto, puesto que no son explícitos al referirse al tema. El "Racismo" está basado en la creencia de superioridad de una raza sobre otra, por lo que puede conllevar a discriminar; la "discriminación" es prejuicio, actitud o acción de trato negativo hacia personas de diferentes rasgos o etnicidad.

En este caso, ese concepto, define una actitud de carácter étnico que muchos han querido tildar de racial, y tal vez lo sea, pero en mi opinión es de origen étnico o geográfico, y está basada en las decisiones políticas que otros gobiernos han ignorado por no enfrentar el desenlace de interés social o racial, que ha suscitado; también por temor a contender con grupos poderosos, cuyo interés es la unificación de la isla, pero que en realidad están discriminando sublimemente contra ambas naciones.

Debemos tener en cuenta que la situación que se vive en República Dominicana no es nueva y que se agudizó con el descontrol fronterizo que contó con la colaboración de las autoridades de ambas naciones, y que se convirtió en un problema social agudo después del terremoto del 2010, tras el éxodo hacia el lado dominicano de miles de haitianos indocumentados, entre ellos heridos, enfermos y mujeres embarazadas, quienes fueron acogidos y atendidos gratuitamente. La mayoría de ese grupo no regresó a Haití. Con el flujo también llegaron algunos criminales, quienes aún permanecen prófugos. Lo correcto era que luego del cuidado médico regresaran a su país de origen.

Con respecto a los miles o millones de descendientes haitianos nacidos en territorio dominicano antes o después del terremoto es otro asunto. Las autoridades dominicanas deben tratar ese asunto con mejor planeamiento y hasta delicadeza, pero con firmeza; también deben involucrar al gobierno haitiano, que junto a la Unión Europea (UE), la Comunidad Caribeña (CARICOM), la Organización de Estados Americanos (OEA) y la Organización de Naciones Unidas (ONU) ha actuado con irresponsabilidad.

El descontrol migratorio existente pone en peligro nuestra soberanía y con eso no se juega. El gobierno dominicano está en pleno derecho de regularizarlo sin amenazas y sin la intervención de potencias externas.

Dos padres y una Vespa

Vespa es una palabra italiana que significa "Avispa". Esta historia está basada en esta palabra, ya que en mi casa teníamos un vehículo de motor de dos ruedas llamada Vespa, la cual era de multiuso familiar. El color original era azul cielo y estaba decorada con marbetes y ribetes explícitamente moldeados para su estructura con chasis de láminas de acero. En ella papá se transportaba al trabajo, llevaba a mamá al mercado de Villa Consuelo a comprar las provisiones alimenticias de la familia; en ella nos llevaba a la escuela y los domingos a "Helados Frigor". En ella íbamos a todas partes.

Papá la mantenía en excelente estado de funcionamiento y siempre limpia. Era muy celoso con ella, la mimaba como si fuese nuestra "madrastra", no se la prestaba a nadie "ni se presta ni se alquila" solía decir. Recuerdo cuando aún era un niño, uno de los vecinos del "Bario Sin Nombre del libro Época de Torbellino" ante la gravedad de una hermana fue en busca de mi padre para que le prestara la Vespa para transportar a su hermana enferma al hospital y mi padre anticipadamente ofreció sus servicios diciéndole "los vecinos somos como hermanos" y sin reparo él mismo transportó a la vecina enferma al hospital.

También recuerdo que de niño me sentaba en el asiento del conductor y fingía manejarla "tata… tata…" más o menos así suena la compresión del motor con pistón rotativo de dos tiempos y sonido patentizado. Fue diseñada con piso metálico para acomodar los pies de los conductores. Posee otras tecnologías avanzadas para su época: sistema de bobinas que produce energía eléctrica de seis a doce voltios, no usa batería; además, posee un sistema de enfriamiento por abanico y la rueda delantera diseñada de acuerdo al sistema de aterrizaje de los aviones, ya que el diseñador, Corradino D'Ascanio, era piloto e ingeniero aeronáutico y para su diseño se inspiró en las avispas, de ahí su nombre y la popular frase *"Bello, mi sembra una vespa"* que en español significa "Bello, me recuerda una avispa".

Ningún vehículo se asemeja tanto a las avispas como la Vespa, de hecho, en el museo Piaggio de Enrico Piaggio, el más prominente productor de vehículos de motor italianos de la época, en Pontedera, Italia, está el prototipo de la primera vespa diseñada por los ingenieros Renzo Spolti y Vittorio Casini junto a los demás modelos, incluso la Vespa Alpha (1967), la cual es la única Vespa helicóptero del mundo y fungió un papel importante en la película "Dick Smart". En dicho museo, también existe un diseño hecho en 1962 por el popular pintor español Salvador Dalí.

A aproximadamente a los quince o dieciséis años de edad, tomé supuestamente prestada las llaves de la Vespa, sin permiso de mi padre, y me fui a dar una vuelta por el barrio, para ese entonces vivíamos en los Jardines del Norte, Santo Domingo, era la envidia de los muchachos, que me veían sonriente acelerando el "tata... tata..." de la avispa, cuyo color azul volaba por el cielo, como mi fundillo rodó por el suelo al accidentarme en una curva.

Estaba aterrorizado, no había planificado cómo devolver la Vespa que había perdido su pretino estado de lucidez y parecía un cacharro, pero de alguna manera logré parquearla sin que nadie se diera cuenta, sino hasta la nochecita cuando era hora de entrarla a la casa, que era donde dormía la avispa que me había picado esa tarde. Papá no me dijo una palabra, porque en su mirada lo decía todo.

Pasaron los días y la Vespa volvió a su resplandor, lucía como nueva "me salvé de chepa" pensé, pero papá aún no se había olvidado del accidente, fueron los ruegos de mi abuela Carmela, quien lo hizo desistir del castigo que me aguardaba por estar de fresco poniéndole la mano a algo que "no se prestaba ni se alquilaba".

Pasaron los años, emigramos a Estados Unidos de América y las pertenencias de la familia, entre ellas la Vespa, fueron olvidadas, hasta que un día regresé de vacaciones y me encontré con ella tirada en un lugar lleno de escombros y la rescaté.

El tiempo había pasado y las vespas habían sido reemplazadas por las "Pasolas", un vehículo también de dos ruedas con motor eléctrico y caparazón plástico, por ende más barato y menos duradero. Era muy difícil conseguir las piezas de vespas, a veces se obtenían partes de vespas canibalizadas. Los mecánicos habían muerto, excepto algunos jovencitos ayudantes de los viejos, que habían aprendido el funcionamiento de los motores de dos tiempos y una que otra vez reparaban algunas de las vespas sobrevivientes.

Por una semana doblé y crucé esquinas por la capital dominicana, en busca de un mecánico, hasta que finalmente encontré uno, la desalmó, pero no tuve tiempo suficiente para contemplar la reparación total de la nave de mi juventud y regresé a los Estados Unidos, donde compré algunas piezas y las envíe a Santo Domingo.

Un día recibí una llamada telefónica de parte de mi hermano menor, en la que escuché el "tata... tata..." de la Vespa, lagrimas bañaron mi rostro, fue tan emocionante el momento que al corto tiempo estaba de regreso en Santo Domingo.

Si algún día alguien me pregunta, en términos de valor, ¿cuánto cuesta esa Vespa? yo le contestaría sonriendo "NO TIENE PRECIO".

Ahora que yo también soy padre, heme aquí en esta foto, lleno de alegría junto a mi querido viejo y montado en su Vespa, que ahora es mía, pero que nunca ha dejado de ser suya. No tengo que decírselo a nadie porque todo el mundo lo sabe" ni se presta ni se vende".

Naturaleza viva

Hace aproximadamente cuarenta años que desapareció mi álbum de postalitas "Naturaleza Viva", un álbum muy instructivo, a pesar de que busqué y rebusqué incansablemente no pude encontrarlo, hasta puse un aviso con una recompensa. Después de un tiempo me resigné y lo di por perdido, nunca me imaginé que estaba guardado en una maleta que permaneció tirada en un rincón de un cuarto abandonado, donde ni los fantasmas podrían encontrarlo.

Esa maleta vieja también contenía cuadernos, papeles y documentos escolares que también habían quedado en el olvido cuando partimos a Estados Unidos. Durante ese periodo nadie se antojó de abrirla, sino hasta ahora, cuando decidimos limpiar el cuarto, porque estaba lleno de escombros.

Sacamos la maleta para echarla a la basura y por curiosidad la abrimos para ver su contenido, grande fue la sorpresa, pues estaba llena de recuerdos, que después de la partida de mi padre al reino de la vida eterna, nos devolvieron un poco de alegría y felicidad, ahí estaba mi álbum "Naturaleza Viva".

Llegaron recuerdos del Sheriff Marco, y todos esos "tigueritos" que deambulamos las calles de Santo Domingo en busca de postales a las que llamábamos vigas y burras, las primeras difíciles de conseguir y las otras fáciles.

Nunca olvidaré la iguana en la portada, ni la postalita más difícil de adquirir, "Dubble Bubble", una goma de masticar, que era uno de los productos patrocinadores del álbum y del concurso que conducía el Sheriff Marco en la televisión dominicana. Mi postalita favorita era y sigue siendo "El Mono Militar" la cual todavía comparo con los retratos de Napoleón Bonaparte.

Nunca olvidaré cuando declaré el álbum perdido ni la alegría por haberlo recuperado. Fue larga la espera, pero valió la pena porque ahora son más gratos los recuerdos.

¡Caman ahí!

Me resulta inverosímil creer como el ex presidente Leonel Fernández se burlaba de las acusaciones de Quirino, minimizándolas, y alegando que tales acusaciones eran un resarcimiento a su gobierno por las extradiciones contra los narcotraficantes. Ahora resulta que el exmandatario está estresado y bailando en la cuerda floja, incluso hasta ha escrito un artículo de opinión "El plan para desacreditar a Buda", pero realmente ¿quién será el Buda: Leonel o Quirino?

Creo que Leonel debe poner las cosas en su lugar, al igual que lo hizo su esposa Margarita Cedeño de Fernández cuando interpuso una acción judicial, según ella, debido a una denuncia de supuesta corrupción en su contra realizada públicamente por el comunicador Marcos Martínez, en la cual también se encontraba involucrada la FUNGLODE y por supuesto el expresidente Fernández.

Es extraño que el expresidente no haga lo mismo contra las acusaciones en su contra, las que ya tanto daño le han causado. Me imagino que el León está a la defensiva, algo no muy común en el rey de la selva. Parece que la selva está un tanto complicada.

El exmandatario debe remeter convincentemente contra sus acusadores. Porque de lo contrario estará ¡caman ahí! Con rugir no es suficiente. Debe echarle el diente a la fiera que lo ataca.

Glorieta y Gloria: *Estructura histórica*

Una vez leí un artículo en el cual se explicaba la diferencia e indiferencia en la historia de los pueblos. Resulta que la historia puede ser un arma y como tal ser utilizada por quien la escribe. Quienes escriben la historia lo hacen con el interés de contar su punto de vista, sea este bueno o malo; esos que pretenden que el mundo siga de mal en peor, esos que quieren que siga de la mima manera, quienes quieren que mejore. De todos modos, la historia es utilizada como un arma tanto por los buenos como por los malos, depende de qué lado estemos.

Una cosa es cierta, quien escribe la historia, la escribe a su manera; y de cualquier modo el lector es el influenciado y quienes ni siquiera se interesan por leer o conocer los acontecimientos son los más afectados. Hemos oído mencionar la frase "Un pueblo que desconoce su historia está sujeto a repetirla", pero rara vez escuchamos decir que un pueblo sin historia es un pueblo sin identidad. La historia como la identidad van entrelazadas; ambas son alimentadas por el patrimonio socio-cultural de los pueblos y las vertientes que se derivan de ellas y que son plasmadas atreves de las escrituras, esculturas, dibujos y símbolos.

La infraestructura forma parte de ese legado histórico que identifica a los pueblos y sus generaciones. Tal es el caso de los petroglifos o jeroglíficos indígenas en la Cueva las Caritas de Bahoruco, la Catedral Primada de América, el Monumento de Santiago, árboles centenarios como la Guácima en cuyo tronco fue fusilado Francisco del Rosario Sánchez; el manzano que inspiró a Newton en la teoría de la gravitación universal, el árbol en el que algún enamorado dibujó dos corazones unidos para fijar el recuerdo de un amor inolvidable.

En Barahona hasta el momento existen muchos símbolos, estructuras y lugares con valor histórico los cuales debemos conservar. Esos patrimonios constituyen una fuente de información de gran interés que nos presentan los conceptos y valores relevantes de las sociedades, las épocas atreves de las cuales podemos indagar cómo pensaban y actuaban nuestros ancestros; podemos conocer los avances de las civilizaciones en las que vivieron, pero cuando estas desaparecen se pierde la trayectoria y con ella la historia; es como si el pasado no hubiese existido; nos quedamos especulando sobre nuestro legado, lo que pudo ser que no fue o lo que fue que no pudo ser. Por ende, repitiendo los mismos errores de nuestros antecesores, porque perdimos el punto de referencia del cual guiarnos para realizar los cambios necesarios en el desarrollo de la sociedad, como dicen mis colegas americanos "reinventar la rueda" o como dicen mis colegas dominicanos "un círculo vicioso", sencillamente en vez de solucionar problemas nos encontraremos repitiéndolos.

El egoísmo paterno o materno de la sociedad que nos engendró o que nos parió, a veces nos conlleva a ignorar cosas positivas o negativas del pasado que fueron importantes, o que podrían serlos en el futuro. Por eso, inconscientemente, pertrechamos objetivamente con un sin número de excusas las cosas beneficiosas que el pueblo necesita simplemente porque no son provechosas en el ámbito individual.

Lo anterior se hace evidente en los proyectos sociales de Barahona, cuando de una u otra manera se impone el interés. Cuando el colectivo implora por los necesitados, siempre salen algunos masoquistas queriendo justificar el individualismo, argumentando o sugiriendo cambios que aparentan beneficiar al colectivo; sin embargo, analizándolos bien son individualistas, pero convincentes a los ignorantes que nunca han hecho nada para generar los cambios necesarios para salir de la ignorancia que los tiene atrincherados. Por eso impera la insensatez ante la lógica.

Las autoridades lentamente están matando nuestra historia y con ella a una juventud escasa de valores, que no le interesa pensar que desconoce el valor de lo poco que considera suyo, además, les falta valentía para defenderlo.

La mayoría de estos jóvenes desconocen la relación existente entre los nombres Guarocuya y Enriquillo; de igual manera, ignoran a Cayacoa o Cotubanama, tampoco saben que Caonabo fue el primer rebelde de este lado del Atlántico y del pacifico, que Anacaona fue la primera poetiza de la isla, que el cacique Hatuey intentó liberar a Cuba casi cuatrocientos años antes que lo hiciera Máximo Gómez; que Cristóbal Colón, Nicolás de Ovando, Alonso de Ojeda, Juan Ponce de León y Hernán Cortez, entre otros, fueron criminales en nombre de la religión cuya apetencia por el oro era mayor que la fe que predicaban. Peor aún, nuestra juventud desconoce que a nuestras autoridades, al igual que los europeos de aquella época, les conviene una sociedad ignorante para seguir nutriéndose de nuestro oro, sal, mármol, yeso, cemento, y otros minerales.

Por eso están matando esa trayectoria de bravura que por generaciones nos ha acompañado, el arrojo con el cual pelearon y murieron tantos héroes. La rica historia de Barahona muere cada vez que muere una gloria, cada vez que muere un viejo roble o una caoba centenaria, cada vez que una infraestructura es destruida, descuidada o abandonada, o cuando a una calle se le corta o cambia el nombre de un héroe nacional por otro con o sin méritos, tal es el caso de la Avenida Luperón que fue compartida; igual falta de respeto sucede con el parque central de Barahona, por el mero hecho de querer demoler la glorieta para construir una moderna acorde con la época; ahora bajo la presión del pueblo dicen que deben replicarla debido a que su vida útil se agotó.

En nuestra localidad existen infraestructuras que demandan la atención inmediata de las autoridades, como es el caso del puerto, los almacenamientos de sal y yeso, la planta de tratamiento de aguas residuales. Sin embargo, es la glorieta la que ha acaparado la atención de los barahoneros.

Las autoridades locales están acostumbradas a tomar decisiones sin analizar los riesgos que estas pueden acarrear, en la mayoría de los casos ignorando la lógica. Analicemos bien el significado de vida útil y el de vida inútil. Vida útil es cuando existe productividad e inútil cuando falta productividad, tomando en cuenta esos dos factores, entonces debemos reenumerar la utilidad del parque y de la glorieta, que aun luego de haber agotado la utilidad de sus vidas, siguen produciendo sensacionalismo a un pueblo bohemio que por sentimentalismo o cualquier otra razón, pide que se preserve la glorieta.

Los autoridades deben concentrar su atención en la remodelación de otras estructuras que requieren igual o mayor grado de importancia, como es el caso de la planta de tratamiento de aguas residuales de la ciudad que nunca tuvo una vida útil por no haber sido terminada, pero ahí está.

Lo que estoy tratando de exponer aquí es, que las infraestructuras del pueblo en ningún momento han sido restauradas, sino destruidas para dar paso a lo nuevo siempre bajo el alegato de que expiró su tiempo de vida útil.

Es mi entender que la vida siempre es de utilidad sin importar los años de vejez, algo que aplica tanto a los humanos, animales, y a las estructuras, dependiendo, además, de su utilidad cuando son parte de nuestra memoria colectiva. Pero ante la ignorancia de un pueblo inútil, la utilidad de la vida no existe pasada la tercera edad, por lo tanto, lo viejo debe ser reemplazado por lo nuevo, es como una falta de respeto a nuestros ancianos, que si se enferman debemos dejar que mueran porque ya su tiempo de vida útil caducó.

La glorieta del parque central que tantos momentos de gloria ha brindado al pueblo; la que guarda tantos buenos recuerdos y romanticismo en la memoria de ancianos y de la juventud. Es prácticamente un símbolo de identidad del parque y de los barahoneros y debemos preservarla utilizando métodos alternativos que no interfieran con su valor histórico. Quien lo dude que investigue o que me contacte y yo le explicaré esas alternativas.

No me opongo a las remodelaciones porque vivimos en un mundo de cambios constantes en el cual debemos mantener el ritmo para no quedarnos atrás, a lo que me opongo es al derrumbe indiscriminado de las infraestructuras de valor histórico; me opongo al borrón y cuenta nueva porque así perdemos la identidad los valores y porque de esa manera se llega a ninguna parte.

Debemos hacer las cosas con sensatez, analizando la manera adecuada para ejecutarlas, consensuando con el pueblo y sus representantes. Tengo la certeza que el síndico y los regidores se reunirán con los diferentes sectores y pondrán alternativas flexibles para mantener la glorieta en el mejor de los estados físicos, aunque eso conlleve remozarla cada cien años, sin tener que destruirla ya que existen métodos de curación que garantizan su preservación.

La reestructuración de obras históricas se lleva a cabo cuando han sido destruidas por eventos catastróficos, como un huracán o terremoto, y los gobiernos sienten la necesidad de eregirlas nuevamente. Generalmente se reconstruyen o se remozan las existentes, en muy raras ocasiones las obras originales son destruidas para replicarlas.

En el país hay grandes y buenos ingenieros constructores, arquitectos, arqueólogos, antropólogos y escultores que pudieron ser consultados para la preservación de la glorieta, la cual encaja muy bien entre lo nuevo y lo histórico.

Barahona es un pueblo con mucha historia y tradición desde la época del notorio descubrimiento de América, desde la insurrección de Roldan, Guarocuya, y porque no, desde la invasión haitiana, porque según los haitianos Barahona les pertenece.

Debemos aprender a preservar la historia, y para eso debemos testamentarla, escribirla, contarla o como quiera decirse, pero debemos transferirla a las presentes y futuras generaciones para que no vivan en la ignorancia de su propia identidad, para que sepan elegir mejores caminos que los recorridos por nuestros antepasados ya que gran parte del legado histórico de los pueblos es traspasado atreves de símbolos y estructuras que con el tiempo se convierten en obras emblemáticas de gran importancia histórica. La glorieta es una de ellas.

La inteligencia no es hereditaria

La capacidad para comprender y asimilar información que nos ayude a resolver problemas es considerada inteligencia, la cual se puede desarrollar, pero no se hereda, ni se improvisa. Aunque la genética tiene que ver con el desarrollo intelectual de los individuos, porque los genes saludables y abundantes ayudan a desarrollar el intelecto, pero también el ambiente influye en el desarrollo del sujeto. En otras palabras, que los genes se hereden no quiere decir que la inteligencia también se herede, ya que ésta se desarrolla en base a la capacidad de asimilación en el aprendizaje de las personas.

Un individuo que porte genes saludables heredados de padres inteligentes, pero que no tenga la oportunidad de desarrollar su nivel de aprendizaje se quedará menos inteligente que un individuo cuyos padres, también con genes saludables, pero sin un nivel de aprendizaje que haya sobrepasado lo que conocemos como "el sentido común". En cambio éste último individuo puede desarrollar un nivel de inteligencia superior al de cualquier intelectual siempre y cuando su capacidad para asimilar información sea motivada por el aprendizaje social directo o indirecto y ¿por qué no? ambos a la vez. Eso quiere decir que la inteligencia no se hereda por descendencia genética, sino que tiene que ser motivada por aprendizaje (herencia) sociocultural.

El talento, al igual que la inteligencia, no es genéticamente heredado, sino que se desarrolla. Ser talentoso no es sinónimo de ser inteligente, aunque en la mayoría de los casos el talentoso es inteligente. Tampoco se hereda la experiencia, porque ésta también se desarrolla a base de estudios y prácticas que conllevan a un mejor desenvolvimiento en el aprendizaje.

Así que si quiere que su descendiente desarrolle un grado de inteligencia superior al sentido común impúlselo a esto desde el momento en que nace y sea usted lo suficientemente inteligente o emplee su sentido común para que desarrolle un nivel de aprendizaje que conlleve al futuro sabio a alcanzar niveles de capacidad intelectual por encima de lo normal porque todos tenemos la capacidad de desarrollar nuestro intelecto.

Por lo tanto, es recomendable tener cuidado en nuestros actos para que no seamos contribuyentes erróneos a una cultura en la que por nuestros actos, los herederos, que en la mayoría son inteligentes, desarrollen talentos inapropiados que perjudiquen tanto a ellos como a la sociedad.

La reivindicación de un héroe nacional

Los hombres tienen derecho a redimirse, inclusive aquellos que son demasiado tercos para reconocer sus errores; aquellos que se creen perfectos, y al creerse perfectos tienen la convicción de tener la razón en todo, y por tal motivo no reconocen las grandezas de los demás, eso es egoísmo.

El reconocimiento a cualquier problema es el primer paso para la solución del mismo. Primeramente, las personas deben admitir su culpa y luego buscar soluciones para corregirla, de lo contrario estarían en un pantano de arenas movedizas y no podrían salir de él aunque se le tire una cuerda para su rescate, no son capaces de recoger la cuerda porque no fue proporcionada por ellos mismos; prefieren quedarse en el pantano que salir y ser vistos bañados de lodo para luego pretender que nunca estuvieron embarrados aunque a leguas se le note el sucio.

La solución al problema es que para limpiarse deben reconocer que están embarrados y proceder a quitarse el lodo que los ensució, luego bañarse, cambiarse la ropa y tener mucho cuidado por donde caminan para que no vuelvan a caer en el pantano. Estos pantanos pueden ser de diversas tendientes filosóficas: psicológicas, sociológicas, culturales, religiosas y políticas, etc., etc. etc.

Estas tendientes frecuentemente se entrelazan entre sí mismas, por eso es común encontrarlas en aquellos, quienes siempre ven la paja en el ojo ajeno, pero son incapaces de ver la paja que nubló su propio ojo. Como también es común decir que el zapatero no repara sus zapatos, todo eso tiene excepciones, ya que cuando se quiere se puede y siendo así el que quiere cambiar cambia, pero el deseo de cambiar debe salir de su interior, claro la ayuda de otros facilita el proceso, pero al final quien debe poner el mayor esfuerzo es la persona que necesita el cambio.

Tomando como muestra la tendiente filosófica "político-religiosa", que se ha vivido en República Dominicana en los últimos cien años, nos daremos cuenta que al igual que antes de esos cien años existieron avellanes de la corrupción en todos los ámbitos, pero también hubieron avellanes de la pulcritud, como fue el caso de los miembros de la Trinitaria, esto no quiere decir que sus miembros fuesen perfectos, ni que fuesen santos, pero reconocieron el error socio-político de entonces, del cual algunos formaban parte; trataron de buscar una solución a dicho problema a la vez que se reivindicaban ante la sociedad, algunos de ellos sin proponérselo.

También hubo algunos que por pensar diferente obstruyeron el camino hacia la solución de los problemas sociales o mejor dicho patrios, tal vez porque eran individualistas, egoístas y no estaban dispuestos a encontrarle una solución a los males que los afectaban como nación por el simple hecho de no perjudicar sus intereses personales. Eso siempre ha existido, como también han existido aquellos que por sus ideales de bienestar colectivo siempre han dado todo de sí y han tratado de buscar soluciones a los problemas, aún sabiendo que los opositores los descalificarían llamándoles con epítetos alusivos.

El caso es que todos los hombre en algún punto de sus vidas han tenido la oportunidad de corregir sus errores, sean estos de índole político, social, psicológico, religioso o cultural; muchos han tenido la audacia y la osadía de hacerlo, pero otros han tomado la vía fácil, porque para ser sincero es difícil admitir errores, ya que no es tarea fácil autocorregirse cuando se cree perfecto. Es aún más difícil permitir que aquellos a quienes tenían engañados hagan correcciones a los errores del perfecto.

Una vez reconocido el perfeccionismo enfermizo, problema que nos embarga, seremos liberados de una grave enfermedad y estaremos en vía de recuperación, en rumbo a la salud psicológica, social, política y religiosa; esta última podría ser espiritual y comenzaremos a vivir una vida mejor, por ende mejor para la colectividad, porque hemos aprendido a vivir individualmente sin egoísmo; por tal razón, como individuos habremos superado una etapa de las más difíciles, ya que para triunfar en cualquier ámbito debemos comenzar por nosotros mismos.

En ámbito religioso lo mencionó Jesús de Nazaret, con la teoría del hombre nuevo y el apóstol Pablo en su "Carta a los Efesios"; en la Teología de la Liberación y la Teología del Cautivo lo mencionaron exponentes revolucionarios de la talla de los sacerdotes Gutiérrez Meriño, el padre Múgica y el padre Hurtado. Fuera de los dogmas religiosos se destacaron revolucionarios, tales como Abraham Lincoln, Carlos Marx, el Che Guevara y otros. Entre las cosas que tenían en común, es que eran guiados por grandes sentimientos de amor hacia la sociedad por la cual lucharon.

Todos estos líderes sostenían que para lograr grandes cambios en la sociedad era necesario renovarse a sí mismo "Teoría del Hombre Nuevo" y luego transformar a los demás, lo que es igual a revolucionar el modo de pensar para luego influenciar a la colectividad para que piensen en beneficio de la sociedad, porque para mantener una dinámica revolucionaria en la sociedad, también es necesario transformar el modo de pensar de la gente y eso es asunto de "líderes".

Los hombres que se transforman a sí mismo en hombres nuevos, por lo general son hombres de ideas revolucionarias. No hay que ser político ni religioso para ser revolucionario; los militares también pueden serlo, al igual que cualquier ciudadano con ideología nueva, con deseos de revolucionar el sistema en que vive.

En el caso particular del Coronel Caamaño podremos decir que enfrentó un problema social grave en la historia nuestra, el cual ameritaba preparación intelectual y sacrificio personal, el Coronel sabía en lo que se estaba embarcando, al igual que lo sabían todos los políticos y militares de la derecha y de la izquierda, por lo tanto el Coronel asumió su responsabilidad de líder decididamente y consciente del gran sacrificio personal que ésto conllevaba, por ende, el hecho de que el Coronel de Abril se convirtiera en el "líder" de las masas no fue cosa del destino, no fue situacional, ni fue casualidad, como han querido tildarlo algunos; lo que transcurrió durante su vida no fue coincidencia, ni suerte; El Coronel se convirtió en héroe mucho antes de morir.

El Coronel fue un hombre que obviamente cometió errores, como todos nosotros, que no somos perfectos, la gran diferencia fue que el Coronel reconoció sus errores en la plenitud de su vida, y tuvo la gran fuerza de voluntad para tratar de corregirlos, reivindicándose ante la sociedad, que lo aclamaba, y a partir de ese momento no le falló. Por tal razón, al redimirse se convirtió en "héroe".

El Coronel trató de buscarle solución a los problemas del país y en esa búsqueda pudo haber sido engañado, como también pudo haber engañado a otros, es asunto de política y diplomacia y esa fue la razón por la cual muchos aun no han contado la verdad, al parecer para proteger sus intereses políticos y religiosos y al mismo tiempo opacar las virtudes del Coronel y quitarle lucidez a sus hazañas.

Para solucionar problemas debemos tomar el toro por los cuernos, como se dice popularmente, hay que reconocer que debemos ser bravos, de igual o mayor manera que el mismo toro al que agarraremos por los cuernos, eso al Coronel le sobraba; además de la preparación física debemos contar con cierto nivel intelectual, esto el Coronel lo poseía.

La preparación filosófica del Coronel estaba en desarrollo desde los tiempos que precedieron a la revolución y continuó en pleno desarrollo aun después de la revolución, por lo tanto no fue casualidad, ni suerte el hecho de que el Coronel tomara las riendas de la revolución cuando se ofreció la oportunidad de liderar el bando Constitucionalista.

Todo individuo que se ha preparado intelectualmente, ya sea en el ámbito civil o militar es capaz de comprender el sistema jerárquico de las posiciones públicas y privadas; los militares también son organizaciones de índole jerárquica, por ejemplo, existen diferencias entre las funciones de un raso y un sargento; o entre las funciones de un teniente y un capitán.

En cada nivel jerárquico se ejerce una función determinada en la que siempre existen algunos que sobresalen más que otros, por lo tanto avanzando más rápidos que otros, aunque también se da el caso, en menor escala, de quienes son promovidos sin contar con los conocimientos y experiencia requerida para el próximo nivel de responsabilidad.

Todo esto lo menciono para concluir diciendo que el coronel Caamaño Deñó estaba preparado para ejercer funciones al más alto nivel político, civil o militar, como también estaba consciente que lo que le faltara por conocer lo aprendería en el camino; lo importante fue que estaba dispuesto al más alto sacrifico, el más noble, entregar su vida por la patria, en defensa de sus ciudadanos, algunos de los cuales se oponían, pero como militar y como político estaba consciente que de lograr su objetivo sería en beneficio de la colectividad y esa gran colectividad fue la que lo consideró un líder y un héroe, mientras vivía físicamente; hasta que fuerzas opuestas, indispuestas a ver la paja en su propio ojo, forzosamente cerraron para siempre los ojos del Coronel, apagando la vida carnal de un "héroe nacional" que no ha muerto porque al redimirse, se transformó en un hombre nuevo, quien a diferencia de las águilas, que se renuevan para vivir otra tres décadas, el Coronel vivirá por siempre en el corazón de los dominicanos.

Palmas por caobas

Recientemente se talaron indiscriminadamente una veintena de árboles de caoba que eran longevos, mientras las razones para ejecutar tan descabellado acto pueden ser ciertas, no es menos cierto que existen otras alternativas que pudieron ser tomadas en consideración antes de talar esos árboles, pues "no es lo mismo cortar que desatar", contrario a lo que solía decir el Emperador Alejandro Magno.

Como experto en asuntos ambientales, tengo amplio conocimiento en cuestiones que afectan el medio ambiente, pues puedo decir con absoluta certeza que existen otras alternativas que pudieron ser tomadas en consideración antes de talar esos árboles legendarios, que al igual que las personas mayores, merecen respeto, a menos que hayamos olvidado nuestros valores. Esos árboles debieron ser valorados y por ende protegidos por las autoridades locales y nacionales.

La caoba, el guayacán y el cedro son árboles endémicos de la zona, pero que debido a la comercialización de estas maderas preciosas, hace más de doscientos años, fueron borrados de la región casi totalmente, por lo tanto, debemos preservarlos o reforestar y cuidarlos celosamente para que nuestras generaciones puedan apreciar algo de su origen, porque el pasado barahonero también está ligado a una economía que en gran medida dependió de la caoba.

Muchos lugares del mundo han preservado sus árboles independientemente del desarrollo experimentado en sus ciudades, tal es el caso de la ciudad de San Antonio en Texas que protege el árbol "Álamo" porque forma parte importante de su ecosistema y de su historia; y aunque esté en el medio de la calle, en este caso, los diseños son acondicionados para preservarlo, de esa manera el árbol ornamenta la calle y la calle complementa el ornamento del árbol.

Para hablar de embellecimiento y modernidad del litoral playero de Barahona, específicamente el malecón, debemos realizar varios estudios de índole científico, por ejemplo: un estudio geográfico, geológico, ambiental y aunque tal vez no lo crean un estudio económico y hasta uno demográfico, que arrojen resultados positivos y negativos a corto, mediano y largo plazo.

Para hablar del embellecimiento y modernidad del malecón de Barahona debemos hablar de la planta de tratamiento de aguas residuales y sus efectos; debemos hablar del río Biran y de la cañada del rio Palomino, y el impacto ambiental de ambos en el litoral playero; debemos hablar del muelle y los almacenamientos de sal y yeso y sus efectos; debemos hablar del almacenamiento de blocks, cemento y del consorcio azucarero y su muelle de embarque; también debemos hablar de las olas y el muro de contención del malecón, etc., etc., etc.

Recientemente visité la isla de Saint Thomas, Islas Vírgenes, al este de Puerto Rico, observé que ellos también tienen árboles de caoba, y porque sus árboles no son tan saludables como los nuestros, decidieron sanearlos y podarlos, también reacondicionaron las avenidas y parques para preservarlos, y hoy esos árboles se combinan hermosamente con sus parques y con el malecón dándole la bienvenida a los turistas. Igual ocurrió en Nassau, Isla de Bahamas.

En territorio nacional ocurrió algo similar con las palmeras del malecón de la capital a finales de la década de 1960, estas estaban enfermas. En aquel entonces, al gobierno le recomendaron arrancarlas y sembrar otras palmas, pero debido a la longevidad y valor histórico de esas palmas, el presidente prefirió buscar otras alternativas para preservarlas. Se contrataron expertos extranjeros quienes junto a los expertos dominicanos descubrieron que el problema radicaba en que las plantas estaban enfermas porque un insecto estaba devorando sus raíces. Los expertos las sometieron a un tratamiento ambiental logrando sanearlas, y hoy los dominicanos nos sentimos orgullosos de ese logro ecológico en el malecón de la capital.

El presidente de turno en esa época tomó la iniciativa, porque en aquel entonces no existía el Ministerio de Medio Ambiente, por esta acertada decisión el malecón capitalino es uno de los más bellos del mundo. Lo mismo ocurrió en el Jardín Botánico, también en la capital, y hablo de esto con propiedad porque viví en ese lugar antes de ser el Jardín Botánico. La decisión del entonces presidente de buscar alternativas a nuestras palmeras y a la recuperación de las caobas del parque botánico y a los arboles de caoba del barrio Las Caobas, también en la capital, son ejemplos fehacientes de lo que es un triunfo ambiental, pero para eso debemos tener una visión clara, gran sentimiento y respeto por el bienestar de nuestra nación.

Genealogía perdida

Conocerse a sí mismo (procedencia de identidad) es sumamente importante para el buen funcionamiento personal y social, pero para conocernos debemos saber cuáles fueron nuestras raíces, el tronco, las ramas y las hojas del árbol genealógico del cual hoy formamos parte, ¿y cómo conocer las raíces y las ramificaciones de ese árbol cuando apenas conocemos las hojas del mismo?.

Cuando se ha perdido el tiempo, y nuestro pasado es desconocido o ignorado debemos concentrar esfuerzos y analizarnos a nosotros mismos, debemos partir de ese presente que pronto se convertirá en pasado para que no se pierda esa leyenda nuestra. Por lo tanto, es imperativo conocer nuestras raíces y nuestra historia para no caer en los mismos errores de nuestros ancestros.

Dudo que un 20% de la población barahonera, (hablando específicamente de mi provincia natal) sea capaz de reconocer a sus verdaderos héroes o ancestros o el origen de sus apellidos sin reconocer que esos apellidos portados en la actualidad sean o no el verdadero apellido. Me atrevo a retar a cualquier barahonero a que descubra el origen de sus apellidos.

Estoy casi seguro que menos de un 20 % será capaz de reconocer su árbol genealógico desde la persona física, partiendo del bisabuelo y en ocasiones hasta llegar al tatarabuelo; pero aunque conozcan la historia física de los familiares, hasta el tatarabuelo, sería muy difícil acertar la historia abstracta, respecto a los nombres y apellidos, porque en la mayoría de los casos eran portados equivocadamente, intercambiados o ilegítimamente portados, porque las cabezas de familias rara vez eran casados o porque los personajes vivían en concubinato y tenían hijos ilegítimos.

En la mayoría de los casos los hijos eran registrados bajo el apellido de las madres primeramente, desconociéndose el apellido de los padres porque a veces los nombres de los padres no eran los verdaderos nombres, sino los apodos; asimismo pasaba con las edades de los hijos, no eran las correctas porque, eran registrados meses y hasta años después de haber nacido, olvidando así la fecha real del nacimiento.

Este fenómeno lo identifico como una "traba historia genealógica". Pongo como ejemplo el caso de un señor del pueblo de Cristóbal, por las inmediaciones de Laguna de Rincón, se llamaba Serapio Plata, se desconoce el otro apellido, aún no sabemos si ese apellido era intercambiado o legítimo porque desconocemos su origen. Serapio convivió con una señora llamada Antonia Terrero, de quien también se desconoce el segundo apellido, tampoco sabemos si ese apellido era intercambiado o legítimo. Ellos tuvieron varios hijos, entre ellos una señora llamada Antonia y otra llamada Ercilia, quienes se casaron con hombres oriundos de El Peñón, ambas se mudaron a El Peñón con sus respectivos esposos.

Allí formaron familias; Antonia vivió con un señor llamado Luis Peña y Ercilia con uno llamado Segundo Espinosa, los hijos intercambiaron los apellidos, debido a motivos patriarcales, algunos de ellos no están en el registro, la situación es tal que los descendientes de estas familias no pueden identificar a sus ancestros y menos aun identificar sus apellidos. Hasta la fecha se desconoce el lugar donde fueron enterrados, por lo que no pueden pagar tributos a sus generadores genealógicos. Subsecuentemente doña Ercilia Terrero en realidad debió llamarse Ercilia Plata Terrero, porque era hija de don Serapio Plata y de doña Antonia Terrero.

Seguimos con este asunto porque luego uno de los hijos de Ercilia Terrero, quien se llamaba Segundo Terrero, en vez de llevar el apellido de su padre portaba el de su madre; este se casó con una señora llamada Juana Espinosa (mi bisabuela paterna) y procrearon varios hijos e hijas, una de ellas Ana Rosa Espinosa Pérez, quien convivió sin casarse con un señor llamado Segundo "Gundin" Terrero Suarez, subsecuentemente los apellidos de sus hijos fueron Terrero Espinosa, los cuales resultan ser intercambiados porque los apellidos de Ana Rosa estaban intercambiados debido a que sus padres no eran casados, por lo tanto los apellidos de sus hijos y nietos también estaban intercambiados y así permanecen en la actualidad.

Algunos de los descendientes de esas dos familias se han casado con familiares cercanos por desconocimiento genealógico. Tal vez los descendientes de estas familias conocen sus raíces físicas. De una cosa estoy seguro, y es que no conocen sus raíces abstractas.

Por lo menos podemos enderezar esa parte de nuestro pasado, podemos corregir o enderezar las raíces del árbol genealógico y escribir en un álbum genealógico los nombres y apellidos correctos a partir de nuestros tatarabuelos o a partir de nosotros mismos, como se hace en la mayoría de los países con tradición histórica de los hechos y podríamos evitar así aquel dicho "árbol que nace torcido jamás su tronco endereza".

Mientras ese dicho tiene cierto grado de veracidad, también es verosímil que podemos enderezar, por lo menos, las ramas de ese árbol ya que el intento mismo es un triunfo a favor de nuestra genealogía histórica y un triunfo para nuestro pueblo, cuyas generaciones, podrán decir con ahínco, esta es la biografía verídica de mis ancestros y héroes que acompañan la rica historia de mi pueblo.

En ese mismo orden de ideas, tenemos a nuestra Barahona, que es un pueblo muy rico en historia y que tradicionalmente ha estado ligada a eventos trascendentales innegables al mundo, por lo menos al mundo nuevo, América, esa epopeya que en el mundo viejo es conocida como el Descubrimiento de América, yo diría que desde antes de ese trascendental evento histórico los barahoneros han estado ligados a la historia del mundo, de la cual poco es sabida porque las generaciones que la vivieron, a pesar de contarla, se olvidaron de grabarla para que las futuras generaciones la conocieran.

Sabemos que quien narra la historia está propenso a contarla desde su punto de vista; gran parte de nuestra historia fue contada por los españoles o sea que nuestra historia está empañada por intereses de extranjeros, quienes por conveniencia omitían y añadían cosas.

Por lo tanto, es asunto de los intelectuales barahoneros actuales y venideros enderezar la historia torcida y contar la actual tal y como es para que nuestros descendientes sepan cómo era el diario accionar de sus ancestros.

Conlleva sacrificio y pudor hacer eso, pero vale la pena hacerlo, ya que los pueblos que han narrado su historia de la manera correcta han salido a camino, los pueblos que no lo han hecho se han estancado, ya que un pueblo que ignore su historia también está sujeto a repetirla. Muestra palpable de este asunto es el simple hecho antropológico y sociológico que se repite muy a menudo debido a la ignorancia ciudadana y me refiero a nuestra identificación genealógica.

La arrogancia

"El niño tendrá larga vida si nunca se observa a sí mismo". Esa frase está contenida en la obra de Oviedo titulada "Narciso", quien fue y sigue siendo el arquetipo de la arrogancia.

La arrogancia es una connotación negativa, una forma patológica de personalidad; es una enfermedad psicológica, un problema social y epidémico a la vez, el cual a veces se convierte en cultural, por lo tanto, no es sorprendente ver personas y civilizaciones creerse mejores que otras. Las personas arrogantes presentan una imagen distanciada y distorsionada de la realidad o sea son atributos excesivamente desproporcionados de quienes perciben ser más importantes de lo que en realidad son.

Los arrogantes creen tener una autoestima alta o de superioridad, lo cual es contrario a lo real, que es utilizada como un sistema de autodefensa para contrarrestar la inseguridad que sienten, esto así para compensar atributivamente su deficiencia de superioridad, la cual solo existe imaginariamente. En la mayoría de los casos es una percepción o sea, quienes se creen más importantes de lo que en realidad son por lo general sufren de otro defecto psicológico de personalidad llamado autoestima baja, que va acompañada de una exagerada desvaluación de la importancia propia, la cual es otro problema psicológico y social, que también puede convertirse en cultural.

Las personas con este defecto psicológico son altaneras o soberbias, prepotentes, rencorosas, egoístas, envidiosas y poseen un orgullo excesivo; contrario a lo que piensan otros. Es importante manifestar que dichos rasgos comprometen la habilidad de las personas para vivir una vida feliz, porque la preocupación y desconsideración hacia las necesidades y sentimientos ajenos los martiriza.

Los políticos son muestra palpable de este efecto, muestran una cara humilde durante la campaña electoral y luego se transforman en seres arrogantes y detestables; déspotas de sí mismo y del pueblo; solamente deben observar las disputas internas y externas de los tres partidos mayoritarios de la nación.

En un pequeño preámbulo, de acuerdo a varios estudios psicológicos y sociológicos, cualquier persona o sociedad que presente cinco o más de las siguientes características puede ser considerada arrogante:

1. Tiene un sentido grandioso de su propia importancia.

2. Le absorben fantasías de éxito ilimitado, poder, brillantez, belleza, o amor ideal.

3. Se considera especial y único, y sólo puede ser comprendido, y sólo debería asociarse con otras personas especiales o de alto estatus personal o institucional.

4. Requiere admiración excesiva (Es un síntoma que denota una baja autoestima y una gran preocupación por cómo son vistos por los demás).

5. Piensa que se le debe todo. Tiene un sentido de "categoría" con irrazonables expectativas de un trato especialmente favorable o de una aceptación automática de sus deseos.

6. En las relaciones interpersonales es explotador. Se aprovecha de los demás para conseguir su propósito (espera que se le dé todo lo que desea, sin importar que eso afecte a otros porque solo le interesa su bienestar).

7. Carece de empatía y es reaccionario a reconocer o identificar las necesidades y sentimientos de sus semejantes.

8. Es frecuentemente envidioso de los demás o cree que los demás le tienen envidia (pueden llegar a devaluar a personas que hayan recibido una felicitación al pensar que ellos son más merecedores de la misma).

9. Muestra actitudes y comportamientos arrogantes y altivos o prepotentes.

10. Está a un paso de convertirse en narcisista.

La arrogancia no es la mejor manera de actuar porque conlleva a convertirnos en seres egoístas. Recordemos siempre que debemos abrir las puertas al respeto y aceptar lo que nos enriquece como seres humanos, sin herir a los demás con nuestra arrogancia, ni a nosotros mismos porque la arrogancia también es un arma de doble filo y nos gana el desprecio de nuestros semejantes.

Los barahoneros no podemos permitir que la arrogancia usurpe nuestro destino como gente, ni como pueblo digno de mejor suerte. Podríamos tener diferencias ideológicas, respecto a cualquier aspecto cotidiano, pero no podemos dividirnos, porque eso restaría a los intereses de la comunidad. Debemos multiplicar y sumar esfuerzos, pero nunca restarle, porque eso iría en detrimento de una sociedad que necesita la unión de sus hijos para que la saquemos hacia adelante; pero si en dado caso decidimos dividir, hagámoslo equitativamente o proporcionalmente, buscando un denominador común, siempre teniendo presente que la división, a menos que sea equitativa, le resta a los intereses sociales.

Tomemos como ejemplo la caída del gran imperio romano que al dividirse se debilitó y cayó en las garras del enemigo, en otras palabras "unamos esfuerzos en la búsqueda de un denominador común y de seguro que en esa búsqueda encontraremos la unión que necesitamos y a partir de ahí comencemos a sumar o a multiplicar esfuerzos; así seremos más fuertes individual y colectivamente; nuestro amado pueblo "La Perla del Sur" necesita la unidad de sus hijos.

Aunque en todas las sociedades han existido personas arrogantes, y en ocasiones hasta nosotros mismos hemos mostrado signos de arrogancia, es aconsejable no serlo, porque más que un sistema de autoestima o de auto defensa, es un sistema autodestructivo. Así que cuando pienses en tu arrogancia recuerda la obra de Oviedo sobre el niño Narciso: "El niño tendrá larga vida si nunca se observa a sí mismo". Dejemos la arrogancia y la altanería a un lado y unámonos por el bienestar de Barahona.

Para concluir les exhorto a la reflexión con esta frase: "Dios se deja conquistar por el humilde y rechaza la arrogancia del soberbio" (Juan Pablo II).

Las compañías mineras y el oro de Caonabo

Frecuentemente escuchamos a los ciudadanos decir "yo no soy un indio" o "yo no cambio oro por espejitos"; lo que muchos ignoramos es que en República Dominicana nunca ha existido la raza india a la que se referían los colonizadores desde la época del tal Descubrimiento, si es que acaso se le puede llamar así, pero esa fue la idea que se le vendió al mundo civilizado de oriente en aquella época y dicho así porque el occidente medio también era civilizado, aunque a la manera de los aborígenes tainos, sin mencionar los aborígenes de la zona norte y sur del continente supuestamente descubierto.

Desde el contexto sociológico, no existen sociedades mejores ni peores que otras, solo diferentes, por tanto, todas las civilizaciones independientemente del nivel de desarrollo deben ser respetadas, ese no fue el caso durante la colonización europea en esta zona de occidente.

Es un insulto, que por ignorancia de los españoles, la raza aborigen de las Islas Lucayas, hoy Bahamas y las islas caribeñas, fuesen llamados indios, esa es parte de la gran mentira histórica de Colón y los españoles, entonces más que ignorante, Colón fue un mentiroso que a pesar de haber llegado a un territorio de hombres y mujeres semidesnudos los llamara indios, aún sabiendo que las civilizaciones en las tierras de oriente: India, Japón y China, hacia donde supuestamente se dirigía en busca de especias y oro eran civilizaciones avanzadas y ricas, por tal razón, es cuestionable que el almirante desconociera que no se encontraba en las tierras que buscaba, es posible que el almirante ignorara la situación en su afán por buscar especias y oro.

La mayoría de nosotros emitimos juicios sobre nuestro pasado racial y sobre nuestra intelectualidad, pero ignoramos que al mismo tiempo expresamos criterios sobre nosotros mismos, lo cual nos hace mayoritariamente una civilización de ignorantes en una era moderna.

Permitimos que los que dirigen la nación hagan lo que les da la gana a cambio de nada a nuestro favor. En ese sentido, los aborígenes tainos eran más inteligentes que nosotros porque al menos ellos cambiaban oro, que no necesitaban, por espejitos que era algo atractivo para ellos.

Esos espejitos que Colón les regalaba a los aborígenes aun reflejaban las imágenes que el mismo Almirante escribió en sus diarios, de los cuales solo aparece la traducción del primer viaje, el mismo fue cedido a conveniencia del reinado español para que fuese traducido por el padre Las Casas, quien a mi parecer no miente en lo que traduce, pero tampoco cuenta la verdadera historia de lo ocurrido, sencillamente porque lo que se le entregó al buen intencionado cura fue una redacción de una confabulación encubridora del Descubrimiento de América.

El Almirante poseía dos Bitácoras, una real y una falsa, en una de ellas mentía, y en la otra no sabemos si contaba la verdad, tal es el caso que los documentos originales no aparecen; tampoco aparecen los documentos de los otros tres viajes del Almirante, por lo que, se puede interpretar como falacias.

Gran parte de lo que narra el padre Las Casas en el Diario de Colón, el mismo padre las Casas lo cuestiona y en ocasiones se desvincula de las traducciones con expresiones tales como: "eso dijo el Almirante o así lo dijo el Almirante", lo que es equivalente a decir: "yo no estoy diciendo esto". Además, existen documentos históricos "Pleitos Colombinos" que dan testimonio de que el Almirante era ambicioso e incongruente en sus declaraciones.

Con todo el respeto, los investigadores de la historia deben revisar esa parte de nuestro pasado, el notorio Descubrimiento de América, y ser justo con nuestras civilizaciones al momento de escribir o de emitir juicios acerca de espejitos y botones a cambio de oro, porque a partir del segundo viaje el oro se cambió por las vidas de los aborígenes.

Se ha preguntado usted ¿Cuántos espejos trajo Colón al nuevo mundo? ¿Acaso iba Colón a un concurso de belleza con tantos espejos y botones para intercambiar? ¿Iba Colón a negociar especias y oro con los verdaderos indios, chinos y japonés o acaso iba Colón a descubrir tierras en donde negociaría espejitos y botones?

Así sucesivamente podríamos formularnos otras preguntas. El caso es que los aborígenes han sido categorizados como tontos; y por el contrario, los ciudadanos que vivimos en el mismo terruño en el que vivieron los tainos pretendemos no serlo, pero dudo que sea así porque me parece que luego de la colonización pocos se han interesado por conocer la verdadera historia, y peor aún, por enderezarla.

Entonces pregunto: ¿por qué no aprendemos de nuestro pasado?

Respondo: "probablemente porque no lo conocemos debido a que el mismo ha sido tergiversado a través de la historia".

Nuevamente pregunto: ¿Que si nuestra historia ha sido cambiada?

Respondo: "entonces eso significa que hemos sido manipulados por sociedades que influenciaron el curso del futuro, por eso sugiero que investiguemos antes de emitir juicios que pueden ser perjudiciales por generaciones, siglos y tal vez milenios".

Es injustificable que 500 años más tarde nosotros, los supuestamente civilizados e inteligentes, sigamos llamando indios a los nobles taínos. Sugiero respeto para los aborígenes porque al mismo tiempo nos respetaríamos nosotros mismos.

Ahora, luego del referente histórico-sociológico los llevaré al meollo de este asunto. Resulta que en nuestra historia siempre han habido Caonabos y Guacanagarixes; cada uno con sus virtudes y defectos. El primero más guerrero que el segundo y el segundo más diplomático que el primero.

Caonabo defendía con garras su territorio, Cacicazgo de Maguana, que abarcaba también parte del Cibao y que todavía continúa llamándose así. La región de Maguana es rica en yacimientos minerales, es sabido que abunda el oro, mismo que ocurre en la región del Cibao. Caonabo fue el primer aborigen que peleó contra los españoles debido al maltrato de éstos contra los aborígenes. Caonabo batalló contra los españoles porque éstos se robaban el oro de la región que él protegía celosamente. Fue Caonabo quien destruyó el Fuerte la Natividad y arrasó con los españoles que penetraron a la región del Cibao en busca de oro.

En cambio, Guacanagarix fue quien le dio la bienvenida a los españoles. Guacanagarix permitió todo tipo de abuso contra su Cacicazgo tratando de ganar la simpatía de los españoles, quienes prometieron ayudarlo a combatir a Caonabo. Fue Guacanagarix quien guió a los españoles hacia el Cibao, la tierra del oro de Caonabo.

Hoy se repite la historia: aún existen Caonabos, ciudadanos conscientes, quienes pelean con garras en contra de la explotación de nuestras minas; pero también existen Guacanagarixes, ciudadanos ignorantes, por lo general políticos, más bien son abusadores de los recursos naturales de nuestra querida Maguana y el Cibao, quienes quieren vender gratis esos recursos por los cuales murieron muchos aborígenes, a quienes hoy tildamos de indios, lo que implica que nuestros aborígenes, al menos recibían objetos a cambio del oro que cedían, pero hoy ¿qué recibimos los dominicanos?.

Los ciudadanos de esta civilización supuestamente moderna solo recibimos depredación y contaminación; porque cualquier beneficio existente como resultado de la extracción de minerales, lo reciben los políticos, por lo tanto, ellos al igual que los ciudadanos que reciben algo a cambio de nuestro oro son los indios que nunca existieron en este lado del mundo nuevo, así que les garantizo que nada tienen que ver los tainos en este asunto, esto tiene que ver con nosotros mismos.

Es patético que en el futuro los ríos de Barahona estarán contaminados, como están en la actualidad los ríos de Bonao y Cotuí por donde pasan los desperdicios químicos de las minas explotadas de esa región.

No puedo quedarme callado, porque desde ahora me imagino esos desperdicios químicos corriendo desde San Juan de la Maguana, antiguo Maguana del Cacique Caonabo, pasando por el otrora río Neyba, actualmente Yaque del Sur.

Veo esas aguas contaminadas, con Cianuro, un compuesto químico altamente tóxico empleado en la minería, y otros desperdicios químicos, contaminando ríos, arroyos, lagos, lagunas y canales que suministran el agua que sirve de reguío a las sabanas y conucos que producen los productos agrícolas y ganaderos que consumimos.

Pienso en mi abuelo, quien pensando en el futuro de sus nietos, biznietos y tataranietos. El viejo plantaba frutos en sus conucos para que comieran sus descendientes. De esos frutos coseché plátanos, guineos, yuca y mangos. El abuelo se preocupaba por el bienestar de su ganado, por tal razón exigía un pasto sano para alimentarlo.

Entonces me entristezco porque mis nietos, biznietos, y tataranietos, no podrán comer sanamente los frutos que sembró mi abuelo; tampoco podrán beber la leche del ganado, ni comer tilapias, biajacas, guabinas, carpías, camarones, jaibas, ni hicoteas como lo soñó mi abuelo, porque tanto esas especies acuáticas, como las terrestres estarán contaminadas y en vía de extinción.

Me entristezco porque también las aves que habitan en o cerca de los ríos, lagunas y lagos morirán envenenadas por esas aguas que bajarán cargadas de Cianuro y ácido sulfúrico, mercurio, dióxido de azufre contenidos en gases residuales.

Creo que la necesidad de proteger el medio ambiente es igual a preservar el bienestar de las generaciones futuras y eso es más importante que el oro que hará rico a los políticos y enfermo a los pobres, que son la mayoría. Pensemos que aún después de muertos viviremos a través de nuestros descendientes. En particular me gustaría pensar que aún después de muerto República Dominicana será un país saludable.

Recordemos que tanto las regiones de los antiguos cacicazgos de Jaragua, Maguana, Maguá y Marién estarán muy comprometidas porque las corrientes subterráneas y superficiales de los ríos que emanan de las montañas del cacicazgo de Maguana recorren las llanuras de esas zonas, como es el caso de Hondo Valle, en San Juan de la Maguana y en el Cibao la Loma Miranda, ambas en la Cordillera Central, otrora territorio del Cacicazgo de Maguana. No debemos excluir de este grupo el Cacicazgo de Higüey que ya está siendo explotado y contaminado en los Haitices, en otras palabras, estamos casi "jodidos" y al borde de una catástrofe apocalíptica, al menos que hagamos algo para remediar los daños hasta ahora causados y prevenir otros.

Esta catástrofe tal vez no ocurra en un año, pero es cuestión de tiempo. Tal vez nosotros no veamos las consecuencias, pero las sufrirán las generaciones futuras. Señores no seamos egoístas, preservemos lo nuestro, para que otras generaciones también disfruten de un ambiente saludable.

Oportunismo, oposición o disposición

Todo parece indicar que el gobierno de turno y su presidente son víctimas del gobierno pasado, pero eso no los excusa de las responsabilidades de un gobierno, ni de la crisis que actualmente atraviesa el país, porque al ser electo al gobierno asumieron esa responsabilidad.

El pueblo espera con ansias que resuelvan responsablemente las precariedades en las que está sumergida la sociedad, los cambios deben, al menos, notarse en un periodo de seis meses a un año, de lo contrario será más de lo mismo, como dicen por ahí.

El gobierno de turno puede ejecutar acciones en contra de los corruptos de su partido y de la oposición de la misma manera que ejecutó el paquetazo fiscal. Así se "corregiría lo que está mal", al tiempo que "haría lo que nunca se ha hecho", que es someter a los tribunales a los charlatanes que hicieron lo mal hecho, pero dudo que eso ocurra porque el ahora gobierno es en parte responsable del desfalco actual al prestarse a colaborar en la malversación de fondos del estado durante la campaña electoral pasada.

Los partidos opositores tienen el gran reto de defender al pueblo o de lo contrario se hacen aliados de los desaciertos del partido gubernamental. Ser aliados al gobierno (partido) de turno es equivalente a no ser opositor, por tal razón, el partido opositor de mayor incidencia en nuestra política parece tener el **¡Jacho apagao!**, parece estar aliado al partido gobernante, pues no dice ni esta boca es mía, mientras el pueblo espera por ellos para que lo defienda como lo hicieron en décadas pasadas.

Parece ser que los partidos opositores carecen de disposición de solidaridad con el pueblo. Demostrar solidaridad en momentos difíciles, puede ser visto como oportunismo, pero en este caso no lo es, el pueblo necesita esa oportuna solidaridad para sentir que no está solo y a la vez solucionar sus problemas o al menos ayudar al gobierno a solucionarlos.

Con responsabilidad, prudencia y ética se puede lograr revertir los daños causados al pueblo por gobiernos y políticos corruptos e irresponsables. Desfalcar el erario por creer que por ser gobierno le pertenece es "oportunismo", señores políticos, funcionarios, diputados y senadores ¿Fueron ustedes opositores alguna vez? Les sugiero que revisen su conciencia.

Otra vez las inundaciones

En numerosas ocasiones hemos hablado de las inundaciones de la cuenca baja del río Yaque del Sur, también hemos hablado de la Laguna Rincón, El Canal de Mena (Trujillo), La Presa de Monte Grande; en fin, un sin número de males que afectan la región ocasionando daños prevenibles. Muchos de esos males como las lluvias y los desagües de la presa de Sabana Yegua podrían aliviarse con la construcción de la presa de Monte Grande, pero para eso debemos contar con hombres dispuestos a hacer el bien.

En la región Sur tenemos un potencial de hombres y mujeres dispuestos a hacer el bien, pero la indisposición de algunos, generalmente políticos, se lo prohíbe simple y llanamente porque atenta contra sus intereses. En otros casos, cuando alguien se interesa por hacer las cosas bien hechas es catalogado de pendejo y otras alegaciones vulgares que me limitaré a mencionar, claro, la palabra pendejo es ofensiva en el lenguaje de los dominicanos y a nadie le agrada que lo llamen así; por tal razón, algunos débiles de carácter abandonan antes de comenzar la pelea mientras el malo de la película se enarbólese con el triunfo sin tirar un puño.

La realidad es que en Barahona casi todos somos pendejos o nos hemos dejado tomar por pendejos y sumisos, excepto dos o tres personas, de brava estirpe quienes le cantan las verdades a cualquiera en su cara sin ningún interés individual ni político.

Los Barahoneros no debemos permitir que los políticos nos allanten, no podemos permitir que se roben nuestras propiedades, ni nuestro dinero; por ejemplo, en los dos últimos años el Instituto Dominicano de Recursos Hidráulicos (INDRHI) obtuvo cientos de millones de pesos para la reparación y el mantenimiento del Canal de Mena, sin embargo, los administradores del INDHRI en la región no hicieron nada para resolver los problemas del antiguo Canal.

Otro caso es el de la presa de Monte Grande, la cual ha sido el cinismo más GRANDE de los últimos años y un robo mayor al erario del pueblo. Para dicha obra, el expresidente Leonel Fernández propinó dos primeros picazos en dos fechas diferentes, los cuales no han pasado del simbolismo, en otras palabras, dicho peronaje y sus secuaces: cámara de diputados, senadores y otros políticos del patio se burlaron de la inteligencia de nuestros humildes ciudadanos, mientras tanto, los pueblos de la cuenca baja del río Yaque del Sur se ahogan en la arrabalidad y en la profundidad de sus aguas.

Como los agentes vendedores, nos vendieron una idea y se robaron el dinero, por los que esos líderes no deben ser llamados líderes, sino oportunistas de calamidades. Eso pasa con frecuencia pero también en parte nosotros somos culpables de la situación porque permitimos esas vagabunderías y luego los elegimos y hasta los reelegíamos sabiendo que son ladrones.

No aprendemos del pasado, ya que repetimos los mismos errores, o sea, hemos retrocedido, de lo contrario los problemas del empobrecido Sur ya hubiesen sido solucionados. Esto está demostrado por el alto porcentaje de reincidencia en las calamidades, incertidumbres de nuestros pueblos y la incapacidad de los políticos para resolver tales problemas. Ellos son los responsables de las cuantiosas pérdidas económicas en agricultura y ganadería, añadidas a pérdidas que a veces son humanas.

Es sorprendente que años tras años los habitantes del Sur Profundo hayan sobrevivido a tantas calamidades causadas por las tantas inundaciones, derivadas del abandono y el deterioro de esos lugares.

El sur necesita atención y eso no es un secreto, por eso exigimos de las autoridades la realización de la presa de "Monte Grande", la reconstrucción completa del Canal de Mena y la construcción del Canal de Canoa para el desagüe del río Yaque del Sur, la construcción de muros de contenciones propiamente construidos, atención a la Laguna Rincón, ésta última como ya ocurrió en el lago Enriquillo se está comiendo a un pueblo llamado El Peñón, el cual es inundado casi cada año debido a las lluvias desde lo alto de la presa de Sabana Yegua hasta llegar a la desembocadura del río Yaque del Sur en el mar Caribe. Las recurrencia de estas inundaciones no cesan debido a la mala administración del INDHRI.

También, sabemos que los excrementos fecales afloran por encima del nivel terrestre portando enfermedades que pueden ser transmitidas a la gente y a los animales, tales como el ganado y a las aves a través del contacto con aguas contaminadas o el consumo de alimentos contaminados por las heces, lo cual es muy frecuente en El Peñón. Cuando el río Yaque del Sur se desborda, los pueblos que colindan en sus orillas se convierten en letrinas fluviales. Esto quedó demostrado una vez más con el reciente paso de la tormenta ISAAC.

¡Ay dolor, qué doctor!

Usualmente las personas se quejan por molestias físicas, mentales o emocionales. Otras suelen ser de carácter culturales, como es el caso de la queja más reciente y resonante de algunos barahoneros, respecto a la pérdida del Casandra. Sin importar cuál de las molestias nos aqueje más, lo cierto es que usualmente nos quejamos después de sentir las molestias.

¿Qué hacemos para prevenir esas molestias? "Nada, nadita de nada".

Como dice el dicho: "el dominicano pone candado después que le roban". En la mayoría de los casos eso es cierto, porque estamos acostumbrados a quejarnos después que estamos mermados por el dolor y el sufrimiento; pero ignoramos que esas molestias se pueden prevenir si actuamos con cautela y hacemos algo para prevenirlas antes de que nos aquejen, pero no hacemos "nada, nadita de nada" por prevenirlas, porque somos despreocupados de los problemas colectivos, aunque presumimos no serlo.

Queremos que se nos dé de todo, y hasta que los doctores nos devuelvan la salud, pero cuando logramos nuestro objetivo o cuando estamos recuperados no hacemos "nada, nadita de nada" para preservarla o para prevenir que recurra el mismo mal u otros males que se pueden ramificar como consecuencia del primer mal.

He notado con tristeza la disputa que desde hace un par de años están litigando los familiares de Casandra Damirón y la Asociación de Cronistas de Artes (ACROARTE) en torno al nombre de Casandra y los premios artísticos "El Casandra" del cual todos los barahoneros, mejor dicho los dominicanos, sentimos orgullo, pero a veces el orgullo no es bueno, porque nos hace dormir en laureles falsos y así estuvimos los barahoneros dormidos en los laureles falsos a la realidad del Casandra.

Hemos estado dormidos en un sueño letárgico, laureado con falsedades y aunque es hermoso soñar, en algún momento debemos despertar y tratar de hacer esos sueños realidad; aunque existan algunos que dirán lo contrario, acepto su rebeldía porque siempre hay excepciones a las reglas.

Los Barahoneros debemos unirnos y reclamar con justicia los derechos del pueblo, eso es un asunto de todos, ya que la desunión ha sido causa del fracaso en todos los ámbitos de los barahoneros. Desunidos no podremos reclamar "nada, nadita de nada", porque cuando lo hacemos por separado somos presas fáciles del gavilán que está al asecho y uno a uno por separado podría acabar con nosotros, pero unidos sería una historia diferente.

Solo estamos reclamando la reincorporación del Casandra, en honor a la más grande estrella del Folklor Nacional, en el magno evento que ya supera la nacionalidad, pero no hemos sabido reclamar la relevancia del pueblo en los premios que hoy tratamos de litigar, porque solamente estamos cacareando ante ACROARTE, que como gavilán se aprovecha de la situación ante los reclamos de vertientes desunidas.

También, los barahoneros debemos reclamar justamente la incorporación de Barahona, la tierra que la vio nacer y de la cual ella se sintió muy orgullosa. La soberana, como llamaban a Casandra, visitó su pueblo frecuentemente y a menudo expresó su amor hacia Barahona. Desconozco, como muchos barahoneros desconocen, las reales intenciones de los familiares de nuestra Casandra y de ACROARTE respecto al Casandra, pero como dice el dicho, "más vale tarde que nunca", me gustaría, al igual que a muchos barahoneros, conocer esas intenciones, y el porqué la tardanza.

Hasta el momento doy por seguro que la mayoría de mis compueblanos desconocen las razones de los reclamos hechos por los familiares de Casandra y de ACROARTE. En mi humilde opinión, fue una falta de respeto al pueblo barahonero hacer eso sin consultar al pueblo, pero a la vez, ¿cómo consultar a un pueblo que no está unido, ni organizado?

¡Ay dolor que Doctor! Me quejo porque me duele. Espero que los barahoneros comprendan mi queja aunque sea después del dolor; creo que los barahoneros no iremos al doctor, ni pondremos candado después del robo. La puerta seguirá abierta para que entre el gavilán cuantas veces quiera hasta que no quede uno de los que están pregonando.

42 Aniversario del asesinato de Pedro Enrique Melo López "Cadete López"

Hoy 28 de febrero 2012, es el 42 aniversario del asesinato de Pedro Enrique Melo López "Cadete López" y quiero dedicar este artículo a él, a los familiares, y a sus amigos y compañeros de política, algunos aún sobreviven, quienes atreves de los movimientos políticos sembraron las bases de nuestra democracia.

Era una época agitada, en la que se vivieron momentos muy difíciles, pero decisivos en la historia moderna de nuestros pueblos, y gracias a esos héroes quienes se levantaron en masa con el compromiso de integrar movimientos políticos de vanguardia, que hasta entonces eran prácticas de políticas prohibidas por ser opuestas al gobierno de turno, es que hoy disfrutamos de un país libre.

Los movimientos políticos de vanguardia que procuraban apoyo para la comunidad se expandieron rápidamente, encajando con los ciudadanos, quienes establecieron subcomponentes en los pueblos y ciudades del país que forzaron al gobierno a ejercer políticas de cambios diferentes a las que había vivido la nación.

La capacidad de estos movimientos modernos se puso a prueba cuando en 1963 las Fuerzas Armadas desplegaron un abusivo poderío que derrocó al gobierno constitucional de la republica; pero esos jóvenes estuvieron vigilantes hasta la revolución de 1965. Esos grupos de jóvenes gallardos, asumieron el reto de velar por los derechos ciudadanos y por las libertades del pueblo dominicano en general, se organizaron para enfrentar a un gobierno divorciado de las realidades sociales de un pueblo cansado de ser humillado.

Luego de la guerra del 65, esos movimientos experimentaron transformaciones, la mayoría de ellos en la clandestinidad crecieron enormemente, tanto en el alcance y el tamaño de su misión.

Esos jóvenes no escatimaron esfuerzos en repudiar el resultado de las elecciones del 66, que debió restaurar la democracia, pero que en cambio instauró un gobierno austero y de contingencia que servía a los interese del mundo entero menos a los intereses del pueblo dominicano.

Fueron ellos la bujía que encendió el motor que hizo frente a la injusticia que imperaba; se levantaron dispuestos a enfrentar cualquier reto sin amilanamiento, aunque en la reta guardia prefirieron caer luchando ante un enemigo que con artimañas lo devoraba uno a uno. Así cayeron Henry Cegarra, Jorgito Nin, Amín Abel y otros; entre ellos también cayó Cadete.

Después de las elecciones del 66 siguieron cuatro años de persecución, atropellos, muertes y desapariciones que fueron seguidos por otros dos periodos de cuatro años para totalizar los famosos 12 años de repudio.

En 1970, cinco meses antes de finalizar el primer periodo de ese gobierno, Barahona sufrió los apresamientos y fusilamientos de algunos de los más connotados líderes de la oposición. El 28 de Febrero en El Peñón, fue fusilado Pedro Enrique Melo López "Cadete López", poco después de haber asistido al entierro de Jorge Nin ultimado en su casa de la ciudad de Barahona.

Recordamos la matanza de Marzo en la que murieron varios de los mejores jóvenes Barahoneros y de la república, este acontecimiento marcó para siempre nuestro destino como provincia y como gente. Barahona se encontraba en otro de los tantos momentos fúnebres de nuestra historia. Pero por cada joven que caía surgían diez dispuestos a luchar contra la injusticia que imperaba; esos jóvenes prosiguieron su lucha a favor de una república más justa para todos, donde los derechos humanos fuesen respetados, pero esos jóvenes también cayeron y la republiquita de Barahona quedó huérfana de sus mejores jóvenes en ese momento.

El éxito para lograr la libertad dependió de la diligencia, la innovación y la dedicación de personas como ellos y es justo decir, y digo con certeza, que cada revolucionario procediera de derecha o de izquierda contribuyó a nuestros cambios. Fueron ellos los héroes que lucharon para que la república fuese soberana y sin prejuicios, aunque no parezca así, ellos sirvieron de estándares desinteresadamente. Por eso, nosotros como testigos de la evolución del pueblo en los últimos 50 años, debemos estar altamente agradecidos por tan alto acto de valor.

Me siento orgulloso de recordar y compartir con ustedes el esfuerzo y el sacrificio de esos jóvenes a quienes debemos en gran parte, nuestras libertades. Por eso en la celebración del 42 aniversario del asesinato de mi tío Cadete López, en nombre de la familia y en el mío propio expreso nuestro agradecimiento a cada uno de ellos vivos, muertos y desaparecidos, al igual que también expreso nuestra gratitud a sus familiares, porque el sacrificio y el sufrimiento sobrepasa lo inmenso y no debe pasar por desapercibido. Por esa razón en lugar de estar triste, o de llorar, me tomo la libertad de decir que hoy ha sido un honor compartir con ustedes en este día glorioso.

Hoy habla el psicólogo social

¡¡¡Que misterio ese...!!!

La desaparición del niño Misael Fernández Feliz, sucedió el martes pasado, y una semana más tarde fue encontrado muerto bajo las aguas del Río Yaque del Sur entre El Peñón y Cabral en un hecho aún no esclarecido. Para no especular me limitaré a decir que existen evidencias del crimen, pero se desconoce el motivo y las circunstancias del mismo y hasta el momento las autoridades parecen incompetentes.

Este es un caso que además de doloroso es patético y aloja dudas en quienes deben esclarecer la verdad y también en quienes deben informar las verdades de acuerdo a la ética. Al niño lo encontraron, muerto y sumergido en el río, en condiciones que alojan dudas desde el punto de vista investigativo y comunicativo.

Fue una muerte horrenda, la cual parece indicar que los investigadores se equivocaron, al igual que algunos comunicadores al publicar rumores; pues, desde el punto de vista del médico legista, se conocen las causas de la muerte de Misael, aunque se desconoce el motivo, y los criminales.

Creo que es mejor verificar la información antes de publicarla, porque jugar con el dolor ajeno no se justifica. Al parecer verificar cuesta demasiado esfuerzo, lo cual tampoco justifica el daño al sentimiento ajeno.

El examen del médico legista indica cosas de las cuales los investigadores, al igual que algunos comunicadores, el juez, los abogados y los presuntos criminales o testigos no han querido hablar y nadie sabe por qué.

¿Habrá sido un accidente de juego entre muchachos... ?

¿Habrá sido un crimen perpetrado por muchachos... ?

¿Habrá sido un crimen perpetrado por adultos... ?

Aun no sabemos lo que sucedió, hay muchas versiones, pero aun pienso que los investigadores están a tiempo para descubrir quiénes fueron los responsables del crimen, pues a mi entender existen evidencias que indican, por lo menos, el delito y el motivo, aunque no indican quienes fueron los responsables.

Este crimen no debe quedar impune porque está en peligro la vida de otros niños que al igual que Misael tienen y deben seguir teniendo el derecho a divertirse libre y sanamente y a disfrutar de un baño en las aguas del río, como lo hemos hecho todos los que hemos vivido en la cuenca del río Yaque.

Memoria de pez
o de chimpancé

Mucho se ha generalizado respecto a la memoria de los peces, se ha dicho que poseen memoria insignificante y que solo pueden recordar cosas por alrededor de dos o tres segundos; pero eso no es cierto, ya que numerosos estudios científicos han demostrado lo contrario. En menor escala se ha dicho lo mismo de los chimpancés en comparación con los humanos, pero eso tampoco es cierto, debido a que varios estudios también han demostrado que pueden memorizar igual o mejor que los humanos.

Asumiendo que la corta memoria de los peces y de los chimpancés fuese cierta, podríamos asumir también que la memoria de los humanos es corta, al menos la memoria de los dominicanos, ya que tendemos a olvidar con frecuencia eventos que los peces y los chimpancés no olvidarían fácilmente.

Tal vez olvidamos con facilidad porque tendemos a ser olvidadizos selectivos, o sea que olvidamos lo que queremos olvidar, mayormente como mecanismo para perdonar, por tal razón, exhorto a mis compueblanos que aunque es bueno perdonar, no es malo recordar, y que es mi deber como ciudadano recordarles que por ahí vienen las elecciones y como es costumbre los políticos intentarán vender, nuevamente, promesas falsas. También debo recordarles que es un deber ciudadano votar en las elecciones y que cada ciudadano posee el derecho a elegir al candidato de su preferencia independientemente de ideología sociopolítica.

Lo que no es un deber ciudadano es el engaño de los políticos frente a los ciudadanos prometiéndoles falsedades. Este es el caso de un político, quien en Agosto del 2009, mirando a los ojos de los barahoneros prometió villas y castillas, entre ellas, 120 millones de pesos para la remodelación del malecón de Barahona y otras infraestructuras de importancia, peor aún, luego retornó a Barahona y ratificó su mentira, yo diría en forma de burla.

Ese señor ahora es el jefe de campaña del candidato presidencial del partido de gobierno. Seguramente ese señor regresará a Barahona con el buche lleno de falsedades a alimentar con sus mentiras a las palomas incautas. Exhórtenle que regrese a su palomar, que en Barahona ya no hay pichones para alimentar, porque ya están **"JARTOS"**.

Con este criterio intento motivar a mis compueblanos a que presten atención, a que recapaciten y reclamen a los políticos, sin importar preferencias partidistas, que cumplan con sus deberes y que no prometan lo que no pueden o no quieren cumplir; o que por lo menos no martiricen a la ciudadanía con sus falsedades.

Tengo la certeza que los barahoneros marcaremos la diferencia en la próxima campaña electoral y que saldremos de la inercia en que nos encontramos; pero para lograrlo debemos luchar unidos por un objetivo común. Ese objetivo común debe ser el desarrollo y bienestar sostenible de Barahona y de los barahoneros.

Administradores administrados

Es función de los administradores actuar con claridad y honestidad en todos los niveles de la administración pública o privada, sin recriminar a los que acuden en busca de respuestas sobre la transparencia administrativa de quienes ejercen dicha función. Nadie debe sentirse aludido y menos ofendido porque alguien requiera explicación del uso de propiedades y de los fondos públicos, pues la honestidad al igual que la verdad los hará libres.

Es sumamente importante para la democracia abordar estos temas y es de líderes hacerlo con diplomacia y respecto. Los debates contribuyen al mejoramiento y a la concientización ciudadana ya que de ellos surgen alternativas que en las mayorías de los casos son favorables para el desarrollo de los pueblos, a menos que los líderes deseen ocultar la verdad. Quienes no saben defender sus posiciónes o tienen miedo hacerlo, por lo general esconden algo. Así de sencillo, no merecen la confianza del pueblo para que administren los bienes de quienes a través de un voto de confianza los eligieron. En cambio, quienes actúan con pulcritud no deben temer a estos cuestionamientos, porque es transparente su labor y el pueblo solo cuestiona lo que es turbio.

No comprendo ni comprenderé nunca que los administradores tengan voz, pero no la potestad de ejercer el voto durante la gestión administrativa, es decir que son *"administradores administrados"* porque otros ejercen esa función por ellos.

Un administrador debe tener potestad para tomar decisiones y para eso necesita el derecho al voto en las decisiones de la empresa. La función de un administrador es y seguirá siendo administrar los bienes de la empresa, ya sean los bienes materiales o humanos. Debe estar al tanto de lo que sucede en la empresa a menos que sea un administrador ficticio, o mejor dicho, un administrador que cobra un sueldo por hacer nada (botella), de ser ese el caso esos administradores deberían estar avergonzados.

Ya los ciudadanos están cansados de tantas excusas, no me equivoco cuando digo "cansados" porque no es uno, ni son dos, ni tres quienes han comenzado a reclamar y a exigir a los funcionarios que hagan su trabajo de manera pulcra, digna y responsablemente como manda la ley. En este caso no se cuestiona la pobreza, ni la riqueza; no se pone de relieve la dignidad de la familia sino la dignidad e integridad de un funcionario administrador de bienes públicos.

Recordemos también que el más alto administrador del país es el presidente quien es humildemente benévolo y ha sido el único presidente de la república que no se ha comprado una mansión en algún lugar residencial del país, sino que vive en un apartamento donde la seguridad no es tan buena a sabiendas que algunos de sus funcionarios son propietarios de dos o tres mansiones en distintos puntos turísticos del país y en el extranjero, me imagino que "la corrupción se para en la puerta de su apartamento"...

Las propiedades del estado están desapareciendo y a nadie parece importarle, y cuando aparece alguien que hace un reclamo inmediatamente los responsables a emitir respuestas asumen posiciones defensivas. ¿Por qué será? o es que ¿culpable soy?, o ¿el otro, o el del lado, o el de atrás?, pero nunca el del frente...?

Recordemos que es un deber del ciudadano honesto reclamar sus derechos, pero también es deber del funcionario honesto responder con transparencia a los reclamos de los ciudadanos para quienes trabajan.

Mentirosos patológicos y compulsivos

Es probable que alguna vez haya usted escuchado a alguien decir que una mentira dicha como verdad se convierte en verdad, o que una mentira repetida mil o dos mil veces también se convierte en verdad. En realidad todo eso es mentira, independientemente de quien sea el mentiroso, "un patológico o un compulsivo". Para ser preciso cito que fue Joseph Goebbel quien dijo que "una mentira repetida mil veces se convierte en una verdad".

Desde el punto de vista psicológico y sociológico, estaríamos de acuerdo al decir que lo dicho anteriormente es mentira porque tomando en consideración los significados de las palabras mentira, patología, y compulsión, definidas más adelante, podríamos decir que cualquier tipo de mentira es una mentira sin importar quien la exprese o quien la interprete sin importar el objetivo. Es un poco complicado, porque hasta los grandes filósofos, incluidos psicólogos, sociólogos y religiosos difieren en este asunto, tal es el caso de San Agustín y Santo Tomas de Aquino quienes difieren respecto a las mentiras piadosas.

Mentira: Es una afirmación falsa que crea una idea o una imagen falsa o expresión contraria a la verdad; es faltar a la verdad a sabiendas.

Patología: Es la rama de la medicina que estudia las enfermedades.

Compulsión: Se aplica a la persona que actúa inducida por un impulso fuerte que no puede controlar, especialmente si adquiere un hábito con ello.

La combinación de la palabra mentira con cualquiera de las otras dos es fascinante, ya que. "Mentira Patológica" también conocida como "pseudología fantástica" es caracterizada por la fabricación de falsedades desproporcionadas con relación a cualquier ventaja que pudiera obtenerse, que generalmente incluyen fantasías, que pueden llegar a configurar un engaño complejo y sistemático. A diferencia de la mentira compulsiva, la patológica es originada en motivaciones psicopatológicas en el cual el mentiroso es convencido de la realidad de sus afirmaciones. Existen momentos en que el proceso se vuelve inconsciente y las afirmaciones pueden ser cada vez más fantásticas.

Un mentiroso patológico miente al decir un conjunto de mentiras consistentes durante años que no tienen un propósito consciente; a menudo es inteligente y educado, aunque en ocasiones muestra trastorno de aprendizaje, sabe cuándo está mintiendo, aunque miente sin la intención de lograr un objetivo, no puede evitarlo, y luego termina creyendo lo que dijo, esa es precisamente la principal diferencia entre ellos y los mentirosos compulsivos quienes mienten con el objetivo de lograr algo.

Así que si piensa que alguien es un mentiroso patológico, porque generalmente miente o porque miente de manera crónica, engaña y luego lo niega, o miente para salir de cualquier situación, inventa historias para quedar bien, probablemente está equivocado. Sin embargo, es muy probable que esté en lo cierto si piensa que la mayoría de nuestros políticos son mentirosos compulsivos porque con frecuencia mienten con el objetivo de "engañar", aunque a veces impresionan con expresiones que podrían considerase patológicas. Lo malo de esa situación es que aunque existen programas terapéuticos de conductas que han generado efectos positivos, aún no existen tratamientos específicos que puedan resolver ese problema.

La Cruz de Cristo

Semana Santa, la última del periodo de la cuaresma, es la semana más importante del cristianismo, la cual incluye varios días de ritos religiosos que comienzan el Domingo de Ramos y terminan el Sábado Santo. Literalmente hablando, la Semana Santa se extiende hasta el primer día de la siguiente semana, o sea, el Domingo de Resurrección o Domingo de Pascua, contrario a la creencia de algunos fieles, da inicio a la semana siguiente, por eso es conocida como la Semana Mayor.

El Domingo de Ramos da comienzos la gran celebración cristiana y es considerado el día que Jesús entra a Jerusalén, a partir de ahí comienza su calvario hacia la cruz. El Viernes Santo es el día más resaltante de la Semana Santa, ya que en el ocurre la pasión y crucifixión de Cristo. Es el día de ayuno, y de luto para la mayoría de los cristianos, ya que es el día de la muerte de Cristo. En este día la cruz se caracteriza por poner la vida de Cristo en obediencia a la muerte. Viernes Santo, inmortaliza la cruz de Cristo, la cual es el símbolo del cristianismo, pero más que un símbolo significa salvación, es el elemento principal en la predicación del apóstol Pablo, quien enfatizó que a través de éste "Cristo había muerto y que debido a la crucifixión en sí se presenta la manifestación pura de misericordia, amor gratuito, e infinito de Dios".

En la cruz podemos encontrar la fuerza de humildad y el amor que caracteriza a Cristo y el amor de Dios Todopoderoso, quien tanto nos ama, que nos otorgó el privilegio de convivir con Jesús, su hijo, quien a su vez tanto nos ama que se entregó, sufrió, y murió por nosotros en la cruz por el perdón de nuestros pecados.

La cruz, además de recordar a los cristianos la victoria de Jesús sobre el pecado y la muerte, también les recuerda que a través de la resurrección, Cristo venció a la muerte en sí.

El Domingo de Resurrección es el día más importante de la observancia religiosa, ya que celebramos la resurrección de Jesús, cumpliéndose así las sagradas escrituras, y no es para menos, pues ese día también conmemoramos el perdón de nuestros pecados, por ende, celebramos nuestro renacer en Cristo.

Así que honremos a Cristo en todo momento; comencemos ahora y poco a poco nos acostumbraremos a honrarlo siempre.

La reelección de acuerdo a mi punto de vista

La reelección es de vital importancia para los grandes intereses políticos y es válida dentro de lo constituido, sin embargo, no es igual cuando el reeleccionismo ocurre fuera de lo constituido porque engendra magníficas pérdidas y perdedores, siendo muchos de ellos perdedores sacrificados, aunque el candidato reelecto gane las elecciones de forma legítima o por fraude.

Los hombres se enarbólesen cuando reconocen sus errores y mucho más aun crecen intelectualmente cuando reconocen las virtudes de sus adversarios y los políticos no son diferentes a menos que no sean hombres.

Debemos tener en cuenta que los candidatos que deciden reelegirse dentro o fuera de lo constituido pueden ser diferentes, pero no es diferente lo de la reelección, ya que ésta es la misma sin importar quién sea el candidato a reelegirse. Sino pregúntele a quienes conocieron a Francisco Peña Gómez, la razón por la que éste se oponía a la reelección, o peor aún, pregúntele a los que conocieron a Joaquín Balaguer, la razón por la que éste se reelegía por encima de la cabeza de todo el mundo, utilizando el famoso epíteto de "vuelve y vuelve".

Por tal razón, cuando menos lo imaginábamos en el mundo político dominicano, Hipólito Mejía expresó, y creo lo hizo con sinceridad, su sentimiento reeleccionista al ser derrotado en su intento por una reelección que tenía matices diferentes a la famosa reelección del presidente Leonel Fernández.

Dijo Hipólito: "Sólo debo decir que Churchill señala que en la paz hay que tener buena voluntad y yo agrego que esa buena voluntad adorna todos los actos de mi vida. Cuando me he equivocado lo he hecho de buena fe y he tenido la humildad de reconocer públicamente mis errores, como ocurrió con el proyecto reeleccionista que promoví, del cual luego me arrepentí y por el cual creo que pagué mi penitencia".

Entiendo que Leonel no es Hipólito o viceversa, pero también entiendo que ningún presidente debe reelegirse por más de dos términos porque aunque gane la reelección engendraría, proporcionalmente hablando, una cantidad magnífica de perdedores sacrificados, en ella incluido el pueblo dominicano.

Alevines del cólera

Los alevines de biajacas, tilapias, guabinas y otros peces y mariscos que circundan los conucos, corrales de ganado, patios, y letrinas de los pueblos aledaños al Río Yaque del Sur y Laguna Rincón cuando estos se desbordan podrían estar contaminados o contagiados con cualquier tipo de bacterias y virus derivados de las materias fecales que flotan por doquier cuando las aguas inundan los pueblos.

Sabemos que el estiércol es portador de enfermedades, incluido el cólera, el cual puede ser transmitido a la gente de varias formas; una de esas formas es a través del consumo de peces y mariscos, en este caso los peces "biajacas y tilapias", son consumidas por los residentes de estas comunidades, quienes por necesidad o por ignorancia desconocen el daño que a corto o a largo plazo los peces y mariscos contaminados pueden causear a la salud. Esto quedó demostrado recientemente en la región este del país con la infección de varios extranjeros y dominicanos, incluidos barahoneros, durante una fiesta en un lugar turístico.

Muchos de los peces y mariscos utilizados por los lugares turísticos del país provienen del sur o sea que existe la posibilidad que las aguas sureñas estén contaminadas o infectadas y los departamento de Medio ambiente, Turismo y Salud Pública desconozcan o ignoren la situación.

Recalco este asunto por lo ocurrido con las tilapias en la Laguna Rincón a finales de septiembre del año pasado y del cual los resultados de las muestras enviadas al extranjero para identificar el tipo de insecticida (veneno) que causó la muerte de los peces es aún desconocida, hasta el momento solo sabemos que los peces no murieron por calentamiento, ni por falta de oxígeno como se especuló al principio. Al pueblo aun se le debe un informe con los resultados de esta última investigación.

Imagínense que sucedería si las tilapias hubiesen sido infectadas con el virus del cólera y no por insecticida. Sabemos que las inundaciones causadas por los desbordamientos del río Yaque del Sur sumadas a las de la Laguna Rincón provocan que los excrementos fecales afloren por encima del nivel terrestre o mejor dicho las heces fecales flotan por doquier.

Cuando las aguas entran al pueblo los alevines humanos aprovechan la situación para atrapar alevines acuáticos, simplemente para jugar con ellos, ignorando que podrían portar cólera u otra enfermedad. En otros lugares de la zona los no tan alevines humanos los pescan para comérselos. Por tal razón, no solo las playas cercanas a la ciudad de Barahona son una letrina, literalmente hablando, sino que los pueblos que colindan con el río Yaque del Sur y con la Laguna Rincón, también lo son.

Ocultar la realidad podría ser catastrófica, por tal razón, hacemos un llamado a las autoridades competentes para que provean los resultados de las muestras enviadas al extranjero que de seguro identifican el tipo de insecticida que mató los peces y que utilicen los resultados como punto de partida para implementar un plan preventivo del cólera que incluya el sabio consumo de peces y mariscos en la región, porque no solo de plátanos vive el barahonero.

La inteligencia y la sabiduría: Dos cosas diferentes

La inteligencia es la capacidad de comprender y solucionar problemas, es un potencial que poseemos en mayor o menor escala junto a la capacidad de desarrollarlo a medida que crecemos como seres humanos, varga la aclaración, porque también los animales irracionales nacen con ese potencial.

No existen dudas de que nuestros líderes son inteligentes, porque poseen la capacidad de comprender y de solucionar problemas cuando les conviene individualmente, porque rara vez lo hacen para conveniencia de los dominicanos en general, y menos aún por Barahona y los barahoneros quienes desde hace muchos años se encuentran hundidos en el letárgico sur profundo. El hecho que estos señores sean inteligentes no significa que sean sabios, sencillamente, porque tanto la inteligencia, y la experiencia adquirida a través de los conocimientos y de los años, son conjuntos distintos entre sí, y al mismo tiempo subconjuntos de la sabiduría, la cual también se adquiere a través de los años. De ahí el dicho "los viejos saben por viejos" o "más sabe el diablo por viejo que por diablo". Aunque no sean sabios, nuestros líderes son inteligentes a menos que sean irracionales.

De acuerdo a la teoría de la Inteligencia Múltiple, existen diversos tipos de inteligencias, pero en este breve escrito por hablar de nuestros líderes solo hago referencia indirectamente a la Inteligencia Social o Inter-personal y a la Inteligencia Emocional por estar típicamente relacionadas a las personas y a las emociones, y porque nos permiten entendernos y entender a los demás. Esa es la razón por la cual los líderes, al igual que los agentes vendedores la utilizan con frecuencia.

Al igual que algunos expertos en el campo psicológico y sociológico, creo que no es necesario medir la inteligencia con exámenes, sino que debemos observarla a través del comportamiento de los individuos y sociedades; es por eso que he observado a nuestros líderes y sin necesidad de exámenes he llegado a la conclusión que, en la mayoría de los casos, no son sabios porque la sabiduría conlleva a la madurez del pensamiento y nuestros líderes carecen de esa madurez. Aunque han demostrado un alto nivel de inteligencia cuando se trata de corrupción, es palpable su falta de sabiduría; pues el sabio sabe aplicar su inteligencia, sus conocimientos y la experiencia ganada a través de los años con hechos, ya que los hechos hablan por sí solos.

Una persona sabia grava sus experiencias, sean estas positivas o negativas, aprende de sus errores, de tiempo en tiempo realiza un recuento o estudio del pasado para planificar su futuro y saber cómo dirigirse hacia ese futuro. Un estudio del pasado con un alto porcentaje de incidencia puede eliminar incertidumbres en el viaje hacia el futuro, o mejor dicho, puede predecir las incertidumbres que podrían enfrentar en ese viaje futurístico. Por ejemplo, la temporada ciclónica indica que cada año habrá tormentas pero que cada dos o tres años una de estas tormentas será de categoría mayor; eso indica que debemos prepararnos en avance, diría una persona sabia, pero no es así. Todavía repetimos los mismos errores, porque no hemos aprendido del pasado, o sea no hemos adquirido esa sabiduría, de lo contrario, los problemas del empobrecido sur profundo ya hubiesen sido solucionados.

Quisiera estar equivocado, pero tampoco es así, nuestro Sur sigue tan profundo que estamos casi ahogados en la profundidad de sus aguas, a menos que nuestros líderes escuchen los reclamos y sabios consejos de quienes han vivido repetidamente estas experiencias negativas que aún persisten debido a la falta de interés de los líderes por solucionar problemas tales como los existentes en "Monte Grande" sin presa, el río Yaque del Sur, el Lago Enriquillo, Laguna Rincón, El Canal Trujillo, etc. Es sorprendente que años tras años los habitantes del sur profundo sobrevivan a tantas inundaciones. Es penoso observar cómo años tras años los habitantes del sur profundo sobreviven a tantas calamidades, derivadas del abandono y deterioro.

Probablemente el sur profundo está destinado a desaparecer, no es justo que además de haber perdido el oeste ahora perdamos el sur, debido a que a algunos líderes no les interesa salvarlo, de hecho algunos de esos líderes ya perdieron su norte. Yo, en lo particular, prefiero mi sur aunque sea dolorosamente profundo.

Espero que en este nuevo año nuestros líderes pongan a funcionar su inteligencia y de tener sabiduría que la apliquen sin palabrerías para que nos saquen de la profundidad en las que nos tienen sumergidos, casi ahogados; y a lo mejor no tendríamos que formar nuestra propia "Republiquita" como ya la llaman algunos barahoneros de buena fe.

¡Ya basta, si quieren ser verdaderos líderes, apliquen la sabiduría duartiana, ya es hora, no la dejen extinguir...!

Barahona vive

Este breve escrito es para comunicar a mis hermanos barahoneros que aunque no he tenido el honor de conocer personalmente al señor Wilson Gómez, me consta que es una persona de elevada dignidad como ciudadano, lo cual debe enorgullecer a todos los barahoneros. Me emocionó mucho el artículo de su recorrido por Barahona, creo que es excelente; aunque algunos lo cataloguen de palabras lindas, yo en lo particular, creo que va más allá de palabras bonitas, con el estilo de ese escrito, considero que el señor Wilson se ganó el aprecio y respeto de muchos barahoneros, incluido el mío.

Las críticas hechas en forma constructivas son buenas, aunque existan algunos a quienes les encanta minimizar las buenas acciones, algunas veces basándose en la ignorancia y otras veces en la envidia, en el mejor sentido de la palabra, creo que la ignorancia invadió la crítica hecha al Señor Wilson Gómez.

El viaje en helicóptero, al igual que el recorrido por tierra pudo haber sido un viaje de reconocimiento, y eso fue lo de menor importancia. En lo particular, creo que la intención del señor Wilson Gómez es buena y ésta acompañada de buenas acciones, a su debido "tiempo..." podría dar buenos frutos. Aunque reconozco que existen barahoneros de intenciones individualistas, creo que este no es el caso respecto al expositor, a quien catálogo de buen barahonero.

Comparto en lo absoluto el artículo escrito por el señor Virgilio Gautreaux P., publicado en el "Diario Digital Barahona", el cual también me emocionó muchísimo; me remontó a aquellos tiempos del viejo Barahona, pues aunque nací y me crié en El Peñón de Barahona, también disfruté de las vivencias barahoneras de aquella época: Playa Saladilla, El Quemaito, El Birán, y otros. Creo que ser barahonero va más allá de nacer o vivir en la ciudad o en el campo; el señor Wilson Gómez ha demostrado que es barahonero aclamante de su pueblo.

También existen quienes creen que haciendo bulla se solucionan los problemas, sabemos que esta táctica es influyente, y sumamente importante, porque como dicen por ahí "bebé que no grita no le dan tetera", mas, sin embargo, yo prefiero las acciones. El señor Wilson es una persona reservada pero de acción. Ese recorrido por Barahona dará buenos resultados.

Este escrito expresa mi humilde opinión, sin intención de ofender a nadie, ya que opinar es saludable, a través de ésta se expresan las libertades cívicas. Espero los barahoneros la respeten; cualquier crítica, por mi parte, será tomada como una crítica constructiva sin importar de quien provenga. Los barahoneros de buenas intenciones y los que no son de tan buenas intenciones debemos entender que de las críticas surgen alternativas y eso también es saludable para el desarrollo de los pueblos, por tal razón, los respetaré. Me consta que el señor Wilson Gómez también ha respetado las libertades cívicas.

¡¡¡Barahona vive, la llama está encendida, sigamos luchando por un mejor Barahona!!!

El orgullo, la vanidad y el egoísmo vs humildad

El orgullo, la vanidad y el egoísmo son emociones humanas que se muestran de manera individual o colectiva. Su interpretación depende del cristal con que la observe o de la corriente filosófica con que la intérprete, sea esta psicológica, sociológica, política o religiosa.

El orgullo, generalmente, es definido como sobrevaloración personal, soberbia. Es la percepción o creencia que todo lo que uno hace o dice es superior, y que todo lo que los demás digan o hagan es inferior.

La vanidad es un mundo aparte, es soberbia y arrogancia, es idolatría que rechaza a los demás y a Dios. La iglesia Católica Romana la considera el mayor de los pecados capitales.

El egoísmo por lo general, es calificado de diferentes maneras, enfatizando en el egoísmo ético personal, algunos egoístas afirman que deben actuar de acuerdo a sus intereses personales, sin tomar en cuenta lo que los demás piensen o hagan. Deben seguir normas donde no se les haga daño a otros por interés propio. Hasta cierto punto es comprensible siempre y cuando el logro alcanzado no perjudique a nadie. Sin embargo, algunos teóricos argumentan que no es posible, debido a que si tomáramos en cuenta los intereses propios, nunca aceptaríamos que éstos quedaran arruinados, por lo tanto, no podría haber soluciones morales a problemas de intereses.

La humildad, contrario a todo lo mencionado anteriormente, significa modestia. Una persona modesta, aunque posea cualidades superiores que los demás, tales como educación, posición económica o política, no se cree más importante o mejor que los demás, carece de soberbia, arrogancia, e idolatría. La humildad en las personas que la poseen, es considerada una virtud.

Aunque el orgullo y el egoísmo son emociones que siendo controladas podrían ser aceptable en las personas que la practican, no obstante, debemos ser extremadamente cuidadosos antes de decidir ser orgullosos o egoístas, ya que un desequilibrio por insignificante que sea, podría conducir a la *vanidad* y esta es la madre de todos los defectos.

Dicen por ahí que "el orgullo mata el alma y la envenena", lo mismo puede aplicarse a la vanidad y al egoísmo, por consiguiente, para no vivir con el alma envenenada y el corazón enfermo, es recomendable vivir bajo el manto de la *humildad*.

Sugiero que vean y escuchen la película "El Abogado del Diablo", pero también sugiero que la observen y la escuchen más allá de lo que en ella se ve y se oye, de esa forma obtendrán un mejor entendimiento de lo que representa el orgullo, el egoísmo y sobre todo la vanidad.

¡Con mi tilapia no se meta nadie!

Estoy profundamente consternado por la proliferación de sabelotodo que han surgido en el país en los últimos años, quienes por su aparente sabiduría han sido nombrados para representar, solucionar, o al menos para mitigar los problemas que por largo tiempo han aquejado al país, pero nada ha podido solucionarse.

Al menos en Barahona donde parece ser cierto que vamos pa'lante, pero caminando pa'tra como la ciguapa, porque ya el paso del cangrejo está agotado; para los dudosos pregúntenle a los habitantes de Pescadería en Barahona, quienes en vez de atrapar cangrejos grandes agarran cangrejos que parecen jaibitas, o cangrejitos que parecen arañitas caseras. En otrora tiempos podrían atrapar lo que se puede llamar cangrejos de verdad.

Resulta que la indiscriminación de las industrias barahoneras están contaminando los suelos y las aguas de nuestros ríos, lagos y lagunas de tal manera que es imprescindible comenzar a trabajar para evitar una catástrofe nacional o al menos una catástrofe en Barahona.

Es insólito cuando miles de peces mueren en Laguna Rincón, o Cabral, o de Peñón, o como quiera llamársele, y todos desconocen las razones, pero peor es cuando todos los que han sido nombrados para prevenir esas ocurrencias se hacen de la vista gorda e ignoran la situación. En otras palabras, se hacen los "chivos locos", pero cuando es tiempo de cobrar el cheque que se les paga por esas supuestas labores, se convierten en los chivos más inteligentes de la bolita del mundo como solía decir Jack Veneno.

Hoy, luego de retornar a mi hogar cargado de emociones positivas, pues terminaba de observar una ilustre presentación sobre los atractivos turísticos del sur y me hizo sentir orgulloso de ser barahonero, pero al llegar a casa y leer los periódicos digitales me cargué de euforia.

No pude evitar llamar a mis compueblanos para verificar lo ocurrido y todo fue corroborado, miles de peces han muerto y siguen muriendo muchos más en mi natal, amado e inolvidable pueblo, El Peñón de Barahona.

¿Cómo es posible que en un país con tantos políticos inteligentes, quienes saben más que los que desarrollaron las teorías políticas? o ¿Cómo es posible que un país donde existen geólogos y biólogos, quienes pueden ser nombrados al "Premio Novel" de sus respectivas habilidades, se permite que sucedan estas cosas?.

Y lo dejo ahí para que los amigos lectores le den rienda suelta a la imaginación y para que escudriñen leyendo y se den cuenta que nos aqueja un mal y ese mal son políticos sin escrúpulos que ni siquiera les importa el bienestar de aquellos que les proveen los alimentos "los campesinos".

Yo recomiendo a los barahoneros no comer pescado de Laguna Rincón, hasta que se averigüe lo sucedido y las autoridades responsables, gubernamentales y al sector privado respondan con honestidad lo sucedido. Porque de lo contrario, además de peces muertos podrían ser miles las personas que a corto o a largo plazo mueran como consecuencia de enfermedades debido al envenenamiento de las tierras y aguas en los alrededores de la laguna donde ya han muerto miles y siguen muriendo miles de peces. Debemos tener presente que la muerte de peces u otra clase de animales o aves de la zona es indicativo de contaminación, ya sea natural o industrial.

No me digan que el calor o que la falta de oxigeno en las aguas es el culpable, de ser así por favor, demuéstremelo con pruebas, realicen los estudios necesarios para identificar el mal. Una investigación profunda que refleje la verdad es lo correcto, solo así se podrá corregir ese problema, y dicho sea de paso, prevenirlo en el futuro, pues también debemos pensar en el futuro. Espero no sea muy tarde para hacer lo que debimos haber hecho hace mucho tiempo "proteger lo nuestro".

Lo siento mucho por los moradores de mi pueblo, pues la "Tilapia" es parte de la dieta cotidiana de los pobladores de la región y es una fuente de economía sostenible que ahora se ve amenazada.

Este análisis está escrito con la intención de orientar a nuestros lectores, para ser más explícito, en relación con algunas críticas realizadas por muchos barahoneros, incluido yo, hacia los medios de comunicación que no han hecho ECO al grito de los pescadores de Laguna Rincón, quienes denunciaron la inexplicable muerte de miles de tilapias.

La repuestas del Vice Ministro de Medio Ambiente sobre la muerte de los peces se debió a presiones externas; la primera respuesta externada fue falsa y aunque la segunda respuesta no lo fue, tampoco era verdadera ya que fue a media, y lo que se dice a media siempre oculta media verdad o media mentira. La verdad a media es equivalente a encubrir la verdad, así que es mentira por omisión.

Aquí presento una breve explicación científica de la tilapia, espero esto ayude a debatir el tema y que las autoridades responsables tomen carta en el asunto de manera honesta, y consciente porque es la salud de nuestra gente la que está en peligro.

La tilapia puede acoger, tolerar o aclimatarse a diversas condiciones extremas. Varios estudios han demostrado que la tilapia puede tolerar temperatura entre 0° y 71° C (32° y

160º F). Tal vez no sea ese el caso de nuestra tilapia, pero si les aseguro que nuestra tilapia puede sobrevivir los 26.6º y 37.7º C (80º y 100º F). Es de conocimiento general que la tilapia ha sobrevino prósperamente niveles de acidez o alcalinidad (pH) tan bajos como 3.5 y tan altos como 10 pH; los niveles preferibles son de 6.5 a 9.0 pH. Es importante notar que la mayoría de los peces que no sean tilapias, simplemente morirían a niveles por debajo de 5.5 pH y superiores a 8 pH. La tilapia también ha sobrevivido concentración de oxígeno disuelto (OD) inferior a 0.3 mg/L, muy por debajo de los límites de tolerancia para la mayoría de los peces cultivados u otros, aunque lo recomendable sea un hábitat por encima de 1 mg/L. Preferiblemente 3-5 mg/L.

La tilapia puede ser afectada por estos niveles extremos si son obligadas a ajustarse en un período muy corto de tiempo, sin embargo, este no es el caso de nuestras tilapias que han habitado la Laguna Rincón por casi un siglo sin haber experimentado cambios ambientales drásticos, excepto cambios ciclónicos o de huracanes a los cuales han sobrevivido con relativa facilidad.

La tilapia puede vivir y prosperar en ríos, canales, lagunas, lagos, y hasta en charcos de agua dulce y hasta con salubridad igual o superior a la salinidad del océano Atlántico, esto ha sido comprobado a través de estudios científicos.

Las tilapias se han cultivado en temperatura más caliente que la nuestra, en aguas saladas o agua dulce, en condiciones de alto y bajo nivel de Acidez o Alcalinidad (pH), Amoniaco (NH3), Monóxido de Carbono (CO2), Sal (NaCl) y otros aspectos ambientales. Esta capacidad de adaptarse a condiciones cambiantes es lo bueno, ya que no requiere de ñoñerías, ni de mucho esfuerzo para adaptarse y criarse. Así que a esos cientificólogos apasionados, políticos y busca vida a causa de la muerte de otros, les recomiendo que se expliquen mejor. Aprendan a ser responsables y honestos porque es la salud de nuestra gente la que está en peligro.

Media verdad
o media mentira

Ni Barahona, ni los barahoneros saben defenderse de los leones, zorras y liebres que por doquier atacan. Yo escribí una carta a un distinguido periodista de Barahona a quien consideraba honesto, ese ya no es el caso, reprochándole su falta de ética en un reportaje. Me sorprendió su actitud. No le importó un bledo la gente, los barahoneros, a quien debe defender. Mas sorprendido estoy porque solo un grupito presentó la cara y aunque lo hicieron defendiendo sus intereses, algo positivo se logrará, aunque los resultados no se vean inmediatamente.

La respuesta externada por el Ministro de Medio Ambiente no es falsa, pero tampoco es verdadera ya que es una media verdad, y lo que se dice a media también oculta media mentira, esa respuesta también se debió a presiones.

Con este tema de las tilapias no sé a quién creerle, por eso creé mis propias hipótesis y las comprobé yo mismos a través de investigaciones y consultas a personas especializadas en geología, biología, química, agronomía, ganadería, avicultura, piscicultura y medio ambiente, a pesar que yo también cuento con experiencia en esos renglones y además practiqué la piscicultura por largo tiempo y conozco muy bien el pez que lleva el honor de ser un símbolo del cristianismo, el pez de San Pedro, ese pez que Jesús multiplicó para dar de comer a los seguidores hambrientos un día que predicaba el evangelio, ese pez es la "Tilapia".

No se necesita ser científico para arribar a algunas conclusiones. Me tomé el asunto muy en serio, tal vez más en serio que el periodista a quien me refiero con una "Crítica Constructiva". Pues me disgusta cuando comunicadores hábiles embaucan a cualquiera, hasta convencerlo de que ellos tienen la razón, sin tenerla. Lo que no pude comprobar yo mismo lo comprobó la Universidad Autónoma de Santo Domingo (UASD).

El objetivo debe ser imparcial; encontrar la causa del mal y luego a los culpables. Para así prevenir consecuencias graves.

Carta enviada
a un periodista

Leí un reporte que publicaste ayer respecto a las tilapias muertas en Laguna Rincón. Honestamente estoy tan estupefacto como lo estaba antes de ayer, pues en ese reporte haces referencias a las declaraciones del señor Biólogo Lic. Bienvenido Santana Ferreras.

Modestia parte, permíteme informarte que yo también cuento con alto nivel de conocimiento en las ciencias Geología, Biología y Química, ya que una de mis profesiones es en el campo minero, "Petróleo". He tomado cursos especializados en asuntos ambientales y de reciclaje y por tal razón puedo exponer con certeza que aunque el reporte no miente no dice la verdad enteramente, lo cual puede ser sumamente peligroso para los pobladores de esas latitudes. Omitir la verdad es sinónimo de hablar mentira, lee el artículo "La Verdad Manipulada".

También existen contaminaciones fluviales, subterráneas, inclusive aéreas, tal es el caso de la famosa neblina africana (Polvo africano) debido a los vientos polvorientos del desierto de Sahara que se asientan en las aguas del Mar Caribe los cuales son ambas cosas, aéreo y fluvial, y consecuentemente submarina. Esos vientos polvorientos se mezclan con polvos contaminados provenientes de los campos agrícolas africanos y son soplados hacia nuestro litoral.

Las contaminaciones africanas se deben en gran parte a las violaciones ambientales en ese continente en donde el sector agrícola desobedece casi todas las reglas de lugar. También se debe a que los europeos están haciendo las cosas sin importarles nada los suelos agrícolas de los africanos, a diestra y siniestra, lo único que les importa es llevarse un producto barato para Europa, después de todo no es Europa la contaminada sino África y ahora consecuencialmente esos vientos están contaminando a Latinoamérica.

Nuestra "Laguna Rincón" no está siendo contaminada por los europeos o por los africanos, sino por nosotros mismos y no es posible que callemos eso o que queramos tapar el sol con un dedo como lo están haciendo los europeos en África. No es posible que encubramos la verdad y que publiquemos las mentiras, eso es peor que quedarse callado, porque se convierte en crimen de doble matanza. Debemos decir la verdad aunque le duela a quien le duela.

Ya consulté la situación con científicos de esta área y te puedo asegurar con certeza, aún sin haber hecho un estudio ambiental, que la situación es peor de lo expresado en el reporte de tu diario digital. Otra cosa, el que solo hayan muerto tilapias no quiere decir que las biajacas, guabinas, camarones, hicoteas, etc. estén saludables.

Como desconozco los verdaderos motivos que conllevó al falso reportaje del Lic. Bienvenido Santana Ferreras, no haré un sancocho de esta misiva, pero si te diré que hasta el momento esta misiva es solo una sopita, que se puede convertir en sancocho de carne prieta a menos que el licenciado Santana y sus secuaces tomen carta en el asunto debidamente ya que estoy contemplando la posibilidad de llevar el asunto las Naciones Unidas.

Me gustaría saber cuál es el papel que desenvuelve el Director Ambiental de Barahona, Miguel Melo, mi querido primo, a quien aún no he tenido el privilegio de conocer personalmente. Miguel todavía no ha tomado cartas en el asunto, eso corrobora lo de cobrar cheques sin ejercer funciones, sino ejerciendo solo un nombramiento.

Tus compueblanos están bailando en la cuerda floja, no los dejes caer; ellos necesitan de gente sincera que les tienda la mano independientemente de la politiquería.

Saludos.

Nuestros líderes y dirigentes

No pude evitar reír a carcajadas mientras leía el texto de liderazgo: "Desarrolle el Líder que está en Ud." del escritor John C. Maxwell, pues el autor relata una anécdota de otro escritor, Leonard Ravenhill.

Un turista le preguntó a un señor sentado cerca de una valla:

-¿Señor, han nacido en este pueblo hombres notables (líderes)?

-El viejo respondió: no señor, aquí solo han nacido niños.

Según parece en República Dominicana, luego de Duarte, Sánchez, Mella y Luperón solo han nacido niños, excepto un puñado de líderes que pueden ser contados con los dedos de las manos, ya que los demás que dicen haber nacido o que se han desarrollado como líderes pueden ser contados con los dedos de los pies.

Con frecuencia escuchamos a alguien mencionar la palabra líder o liderazgo y a uno que otro decir fulano de tal es un verdadero líder, tiene mucho arrastre, o que mengano no tiene lo que se necesita para ser un líder. También existen aquellos que a menudo se vanaglorian a si mismo diciendo yo soy un líder neto; sin embargo son pocas las ocasiones que nos detenemos para reflexionar sobre este tema. Raras veces analizamos lo que significa ser un líder o lo que conlleva a un liderazgo efectivo.

Algunas personas poseen cualidades que les permiten dirigir con facilidad, pero esto no quiere decir que sean líderes. Aunque existen personas en posiciones de dirigencia y de liderazgo, ningunas pueden decir prodigiosamente con certeza "yo soy un líder". Eso debería dar vergüenza, pues la vergüenza es una de las cualidades de los líderes. Los líderes que cuentan con esa cualidad la defienden a raja tablas. Defienden con honestidad sus buenas intenciones, pero como en República Dominicana la vergüenza parece no existir, nadie se sentirá ofendido, aunque muchos son los aludidos.

Los líderes que carecen de vergüenza, creo, estarán agradecidos por lo que aquí expreso ya que a ellos, al parecer les agrada ser reconocidos como tales, para justificar la falta de cumplimiento con sus deberes, ignorando que los líderes deben ser honestos con su agenda. Ellos deben cumplir con sus promesas, ya que el pueblo no espera decepciones. Existen aquellos que argumentarán lo contrario queriendo tapar el sol con un dedo, pero están equivocados.

Ser un líder requiere de algo más que poseer un conjunto de cualidades necesarias para influenciar a alguien o a un colectivo de personas, para lograr un objetivo común o en algunos de los casos, para lograr lo que desea el líder independientemente de lo que desean los demás.

Ser líder implica más que el conjunto de rasgos y acciones distintivas que conlleven a la influencia, motivación, persuasión de seguidores, porque para ser un líder se necesita más que tener la capacidad de utilizar cualidades y técnicas racionales y emocionales, y más que tomar iniciativas, gestionar, convocar, promover, incentivar y evaluar. Es más que tener lógica, visión, o usar métodos científicos, publicidad, persuasión, seducción, o poder. Es algo más que decir palabras bonitas que conllevan a ninguna parte.

Reconozco que los líderes no son perfectos, porque nadie lo es, valga la aclaración. También reconozco que los buenos líderes poseen buen carácter y sobre todo integridad, y precisamente esas dos cualidades brillan por su ausencia en el repertorio de nuestros supuestos líderes.

La mentira duele más que la verdad

Tener visión es como soñar despierto, que vivimos en el futuro, pero en tiempo presente y de tiempo en tiempo visitando el pasado para corregir errores y evitar que estos sucedan cuando regresemos al verdadero tiempo, sabiendo muy bien lo que debemos hacer ya que hemos visitado el pasado y hemos visualizado el futuro para conceptualizar el tiempo en el que viviremos siempre.

Esto así porque existen aquellos que prometen un futuro sin visión, en realidad un futuro retrógrada. Por ejemplo, no conozco un solo líder político en República Dominicana con liderazgo que proponga un plan de gobierno innovador con ideas propias y modernas y eche a un lado las ideas arcaicas de los desaparecidos líderes políticos, los cuales aún después de muerto siguen siendo caudillos, debido al fanatismo dependiente de los que ahora les han sucedido y quienes tienen las riendas y no saben qué hacer con ellas sin recurrir a los malos hábitos de esos líderes de antaño.

Señores políticos, comprendan que ya ustedes se quedaron huérfanos, saquen desde el fondo, y no me refiero al fondo monetario, ni al fondo del barrilito, sino al fondo de sus conciencias, sean honestos con ustedes primero para que luego sean honestos con el pueblo, de esa forma el pueblo mismo les daría la confianza que ustedes no han sabido ganar.

Cuando un líder dice que fue entrenado por tal o cual otrora líder, inmediatamente se me enciende el bombillito (¿?) y reflexiono; pues creo que no puede ser confiable un conductor de taxi que no sabe guiar, como tampoco es confiable un taxista dominicano de los años cuarenta guiando en el New York moderno. Eran otros tiempos, los carros, calles y carreteras de aquella época eran muy diferentes a los de ahora. Lo mismo sucede con la política y los políticos.

Si queremos una ciudad moderna con carros y calles modernas, con taxistas modernos, debemos visualizar y conceptualizar esa visión del modernismo. Para eso debemos conceptualizar una visión de liderazgo proactivo. El tiempo cambia y con él todo debe cambiar incluyendo los líderes, quienes no pueden ser reactivos "retrógradas". Debemos modernizar y actualizar nuestras ideas y adaptarlas a los tiempos contemporáneos, no a los de antaño. Podemos recordar y honrar a los líderes dignos de reconocimientos, pero también debemos independizarnos de ellos, no seamos esclavos del caudillismo.

No traten de ganar votos electorales diciendo que fueron entrenados por tal presidente, o por fulano de tal, eso no convencerá, busquen su propia identidad política, presenten un plan de gobierno convencedor, digno de admirar, y no insulten a los electores mintiéndole. Si aun desean mentir o engañar, háganlo, pero no engañen mintiendo, engañen con la verdad. Aunque dicen por ahí que la verdad duele, es mayor el dolor cuando se descubre la mentira. Por si acaso no lo sabían, señores políticos, "la mentira duele más que la verdad".

Alas eclesiásticas

El estudio de la religión es tan profundo y diverso que es casi imposible abarcarlo en su totalidad, por tal razón, me limitaré en forma breve al cristianismo Católico, en lo especifico a la última palabra del nombre de la Santa Iglesia Católica Apostólica y Romana. Desde que tengo uso de razón he creído y creo en Dios: Padre, hijo, y Espíritu Santo, creador del cielo y de la tierra, eso no lo cuestiono, aunque no entendía lo de la trilogía, o "tres en uno", ya que lo asociaba a un afamado aceite de lubricación llamado 3 en 1, pero no era así, era asunto de "fe", eso no impidió mi creencia en el Cristianismo, basado en las enseñanzas de Jesucristo, hijo de Dios padre Todopoderoso, quien nació sin pecado original de María la virgen y quien murió por el perdón de nuestros pecados.

Aquí he de relatar una situación embarazosa, la cual, por ser ignorante de los principios de mi religión, al preguntarse mi preferencia religiosa yo juraba y perjuraba que no era católico romano, pues no podía ser socio de los que mataron a Cristo, "Los Romanos". Me identificaba tan solo como católico. Debido a la insistencia preferí ser denominado católico latino, pero tal cosa no existía en los libros eclesiásticos. Desconociendo la complicidad de los españoles con el catolicismo romano sugerí ser llamado católico español, era más fácil explicar eso, pero tampoco existía esa denominación.

La teología es la ciencia filosófica que se encarga del estudio de la religión, ésta como madre de las teorías eclesiásticas se refiere a la "fe" como la creencia, la confianza absoluta en Dios y en las enseñanzas religiosas. Se deriva del latín "religio" que significa creencia, adoración de un dios o dioses o cualquier sistema de este tipo de creencia y de culto, que generalmente afecta las observancias de ritos y devociones, y que a menudo contiene un código moral que rige la conducta de las personas.

Es un tema muy complejo ya que abarca una lista diversa de cultos y ritos, entre los cuales, podemos destacar la eclesiología cristiana que es considerada muy compleja. Debido a esa complejidad muchos de los creyentes, incluido yo, desconocemos algunos aspectos espirituales y litúrgicos ligados a ella. Creo que no estoy solo en este asunto, ya que son muchos los ciudadanos, incluyendo familiares y amigos, que no se atreven a abordar este tema argumentando que es muy controversial hablar de religión.

La palabra "católico" es un término cristiano que le fue otorgado a la iglesia cristiana romana y es reconocido por las demás iglesias; se deriva del adjetivo griego (katholikos), que significa "universal" o "totalidad ". Ignacio de Antioquía (San Ignacio), uno de los Padres Apostólicos o Padres de la Iglesia, fue el primer escritor conocido en utilizar ese término, dicho sea de paso, San Ignacio dejó marcas en todas las denominaciones cristianas, incluida la iglesia cristiana romana, la cual es apostólica y católica, debido al ejemplo de los Apóstoles en el Concilio de Jerusalén.

Luego del acuerdo de la Constitución Dogmática sobre la "fe" Católica del Primer Concilio Vaticano el 24 de abril 1870, se convirtió en la "Santa Iglesia Católica Apostólica y Romana". La palabra "Romana" le fue agregada luego del reconocimiento papal del rito litúrgico romano como el rito oficial de la iglesia Católica, que abolió así los demás ritos, lo cual marcó una gran diferencia en la liturgia católica. Aunque el nombre de Roma proviene de Rómulo, el fundador de Roma, en el caso de la iglesia Católica, la palabra "Romana" se derivó de la frase "Ritos Romanos" que eran utilizados en la Eucaristía en un intento por identificar sus principios católicos y apostólicos con la sede en Roma. Aunque la Eucaristía es el componente central en el ámbito católico y los ritos romanos son los que prevalecen, los ritos latinos aún persisten, aunque muchos opinen lo contrario.

La misión principal de la iglesia fue, todavía es, supuestamente, la difusión del evangelio, de acuerdo a las escrituras de la Santa Biblia, la "fe" cristiana, la administración de los sacramentos y el ejercicio de la caridad. Los católicos romanos creen que la iglesia católica es la iglesia original y universal fundada por Jesús y los apóstoles de la cual Pedro (San Pedro) fue el primer líder, y cuyo cuerpo descansa en el fondo de la basílica que lleva su nombre en el Vaticano. Aunque es considerado el primer papa de la iglesia católica pocos tienen acceso a su tumba, a diferencia de las tumbas de los demás papas, quienes son exhibidos en vitrinas como instrumentos de arte.

El cristianismo latinoamericano es uno de los más influyente, debido a la campaña evangelizadora de los reyes españoles, Isabel de Castilla y Fernando de Aragón, quienes a su vez fueron marcados por la época papal de su tiempo, y Las Guerras de las Cruzadas. Aquellos tiempos han pasado y todavía quedan huellas difíciles de borrar, ya que desde entonces han surgido caudillos con "alas eclesiásticas".

Espero recuerden los artículos anteriores titulados "Perdidos en el Espacio" y "Caudillos Contemporáneos", el primero relaciona la política con el universo y el segundo expone un universo político, aunque literalmente no lo escribí así; pues la religión no es diferente ya que todo lo expuesto en esos artículos también se relaciona a las religiones y sus religiosos, específicamente a los "Radicales y fundamentalistas".

Entiendo que en un mundo de libertades todos tenemos el derecho a creer, interpretar, y exponer nuestras creencias bajo un manto de respeto. Pues ninguna sociedad, cultura, raza y etnicidad es perfecta, o mejor dicho, más perfecta que otra, independientemente del nivel de desarrollo intelectual o económico. Pues no es lo mismo ser de una religión que de la otra, por ende, nadie es mejor que nadie, aunque la vida siga igual, debemos tratar de mejorarla, ya que todos pasaremos a la vida eterna, la cual podría ser eternamente buena o eternamente mala.

Porque todavía cuento con uso de razón, salud, y muchas cosas más, doy gracias a Dios: Padre, Hijo, y Espíritu Santo, creador del cielo y de la tierra, eso no lo cuestiono, porque ahora entiendo que existen cosas más importantes que lo de la palabra "Romana". Ahora entiendo que lo del asunto de "tres en uno" no se refiere al aceite de lubricación que utilizaban los mecánicos, sino al asunto de "fe" que usan los cristianos, a través del cual el Espíritu Santo arregla los encargos del mecánico mayor, Dios, el Padre; ahora entiendo que al final el otro elemento de la trilogía, Jesús, en el juicio final se encargará de traer justicia a este mundo injusto en el que vivimos. Que Dios nos bendiga a todos, Amen.

Perdidos en el espacio

En el contexto científico (Relatividad General), ocurren fenómenos inexplicables, muchos de ellos relacionados con el universo, otros con la política. Tomando en consideración nuestra galaxia (La Vía Láctea) y comparándola con nuestro sistema político, nos daremos cuenta que el primero aunque sea finito e ilimitado, y el segundo no lo sea, poseen mucha similitud. Algunas de esas similitudes son los fenómenos de estrellas fugaces y transfuguismo.

Al escuchar la palabra tránsfugas es normal que pensemos que se trata de algo que se haya fugado de las entrañas mismas del universo, por tal razón, es fácil asociarla con las estrellas fugaces, terminología que solo existe en el contexto semántico ya que en el astronómico no existe.

En nuestro sistema político al igual que en La Vía Láctea se albergan constelaciones de astros incomparables e incontrolables. Por ejemplo, nuestro sistema planetario, donde a diferencia de la estrella prototipo (nuestro sol) los demás cuerpos celestes carecen de luz propia. Mientras algunos que carecen de órbita, como asteroides se observan desplazándose en la oscuridad a gran velocidad provocando impactos trascendentales y desmoronándose unos a otros. Otros parecen cometas que pasan destellando un "rabo" de luz. También existen aquellos que simplemente se observan en un abrir y cerrar de ojos, en lo que comúnmente conocemos como Estrellas Fugaces.

Según la astronomía, las estrellas no se fugan, sino que se fragmentan convirtiéndose en asteroides, meteoritos o cometas. Contrario a los astros, los políticos aunque no viajen muy lejos sí se fugan, casi siempre podemos encontrarlos en la casa de al lado o en la del frente, lo cual se conoce como transfuguismo, el seudónimo otorgado a los espectaculares políticos que se transfieren de un partido a otro.

De acuerdo a la semántica, ESTRELLA significa cuerpo celeste que brilla con luz propia, POLI significa múltiple, TRANS significa lejanía y FUGAZ significa fuga, entonces tomando la terminología FUGAZ diríamos que aquellos políticos con aire de estrellas que se fugan y que por lo general su luz se apaga en un abrir y cerrar de ojos son las Estrellas Fugaces de nuestra política, mejor conocidas como Tránsfugaces. En esta lista, también podríamos inventar el término Polífugas, ya que existen políticos que han pactado acuerdos con múltiples partidos sin importarles la tendencia ideológica.

Sabemos que nuestra democracia todavía está en pañales, y que es frágil, por lo que debemos protegerla, pues es deber de todos los ciudadanos responsables proteger el derecho al voto. No podemos dejar en manos de los políticos ese deber ya que han demostrado incapacidad en el manejo institucional; es evidente que son irresponsables, aves de rapiña.

Permitir que los políticos ignoren la confianza que los electores les brindan cada cuatro años es una falta de respeto al ciudadano. Permitir que se olviden de los principios sobre los cuales fue fundada esta nación es otra falta de respeto. Cuando se falta el respeto al ciudadano o a la nación, se le falta el respeto a la soberanía nacional. Debemos prevenir esto, aunque para lograrlo sea necesario un cataclismo político (Big Rip) y un renacer (Big Bang).

Al igual que muchos ciudadanos, yo creo que la JCE debe implementar, al menos, las siguientes normas: (1) tiempo mínimo como miembro de un partido antes de postularse, (2) tiempo mínimo en una localidad antes de postularse, (3) pertenencia de los cargos electorales en casos de discordia o de renuncias a puestos electorales entre los políticos y sus partidos, (4) la propaganda en los medios de comunicación privados o del estado, (5) los bienes del estado, (6) las relaciones y colaboraciones de los patrocinadores, (7) renuncias a puestos públicos. Los políticos con el tiempo adquieren experiencia y pueden cambiar el pensamiento, ya que las ideas se refinan con el tiempo; pero el tiempo también refina la ética, la integridad, la responsabilidad moral, la honestidad, sin embargo, al transcurrir el tiempo nuestros políticos retroceden en estos aspectos.

El sistema político existente debe ser implementado o renovado con un sistema más comprehensivo y exigente, con leyes finitas y limitadas, en donde se cumplan las normas y sanciones de acuerdo a los estatutos. Debemos crear leyes que contribuyan al desarrollo de un sistema político ordenado que se avale por la integridad y ética institucional, porque es vergonzoso ver a nuestros políticos como asteroides desmoronándose unos a otros, o peor aún, como "perros vira latas" buscando que comer en cualquier zafacón político.

Caudillos contemporáneos

Los líderes políticos dominicanos en su mayoría han sido caudillos, a quienes más bien deberíamos llamar "Cadillos", creo que no me equivoco al utilizar esta palabra porque estos señores han llenado nuestros caminos con las erizadas espinas de sus malos pensamientos y sus malas acciones. Sencillamente se les ha olvidado, primero, que liderazgo, además de inteligencia, es cuestión de humanidad, honradez, integridad, disciplina, persistencia, coraje. Segundo, para ganarse el respeto de sus seguidores deben escuchar y observar las inquietudes de los demás, al tiempo que deben exponer sus visiones claramente, y emplear a fondo su experiencia en la realización de objetivos comunes a beneficio de la colectividad social y sin imponer gestiones, porque cuando se impone se obliga, cuando se obliga se utilizan métodos coersivos característicos del caudillismo.

En República Dominicana al igual que en Latinoamérica es muy común el fenómeno del caudillismo, tradicionalmente asociado al poder militar, el jefe carismático, el dictador, quien autoritariamente toma el control del mando. Por otro lado el líder político liberal, el intelectual y también carismático, quien a veces es participativo y a veces es delegativo, es el caudillo contemporáneo, que a diferencia del militar es electo democráticamente. Ambos, indiferentemente, utilizan sus rasgos de líderes y carisma para obtener el control absoluto.

Estos líderes una vez en el poder se creen Dios Omnipotente, se apoderan de los bienes del estado y con ellos hacen lo que les da la gana sin que la gente común y corriente pueda decir o hacer nada, mientras sus fanáticos les celebran cada maniobra como si estuvieran celebrando una jugada de doble matanza en un juego de pelota entre los Leones del Escogido y Los Tigres del Licey, donde por un lado le gritan al león y por el otro al tigre. Han sido muy pocos los líderes políticos desasociados de la dictadura militar, o de la "dictadura intelectual" típica del caudillismo, debido a que los líderes políticos prefieren estas dos formas de poder para influenciar y para imponer control y de paso obstaculizar el desarrollo de otros líderes, eliminando así toda brecha de rivalidad.

Es penoso que líderes de gran potencial para el futuro de nuestra nación sumisamente permitan el maltrato y la manipulación de los caudillos, quienes de esa manera además de los atropellos sociales le roban la esencia y la virginidad intelectual a nuestra sociedad, y aquellos que motivados por rebeldía los han enfrentado, han fracasado porque en el fondo cargan con las mismas ambiciones vanagloriadas de los caudillos a quienes les sirvieron de "fundillo".

Para muchos no existe diferencia entre líder y caudillo, y hasta cierto punto tienen razón, pero la realidad es que no es lo mismo ser líder que ser un caudillo, pues a diferencia del líder, el caudillo podría considerarse un enfermo que no supera la racionalidad, al punto que algunos caudillos han llegado a matar a sus adversarios por el deseo de imponer una tendencia ideológica.

Los líderes políticos contemporáneos deben comprender las necesidades políticas actuales, para que puedan desarrollar un sistema democrático mejor organizado, eficiente, y flexible que permita la continuidad y el desarrollo de nuevos líderes sin importar diferencias ideológicas, sino el bienestar de la "PATRIA" como objetivo común de acuerdo a los ideales sobre los cuales se fundó esta nación; pero el egoísmo, la arrogancia, y la desaprensión se lo prohíben. Creo que por ser un pueblo conformista, no exigimos, ni reclamamos nada a estos señores. A menos que hagamos algo para frenar este maleficio, sarcásticamente hablando, podríamos decir a "boca llena" que seguiremos siendo un país gobernado por caudillos, y eso no es saludable para nuestra sociedad.

El absolutismo y relativismo de la pobreza en la República Dominicana

Con frecuencia escuchamos hablar de la corrupción a todos los niveles en el gobierno, pero pocos aluden la pobreza; los gobernantes siguen iluso a este tema tan importante. La realidad es que en la República Dominicana existen condiciones de pobreza absoluta (extrema o paupérrima) y pobreza relativa. La primera, es la falta de los medios necesarios para costear las necesidades básicas del ser humano, como agua, nutrición, ropa, vivienda, salud y educación, entre otras, y es basada en estándares fijos constantes. La segunda, está basada en las condiciones económicas de algunas sociedades o países en comparación con los promedios a nivel mundial.

Casi siempre al referirnos a la pobreza solo indicamos la relativa; ¿y qué de la pobreza absoluta que sufren aquellos ciudadanos que no cuentan con un ingreso mínimo y que carecen de las necesidades básicas, ¿con quién los comparamos?, tal vez con ellos mismos. Quizás para ellos no existe un parámetro de comparación, ¿será porque lo que es absoluto, es absoluto, y así se queda?. Ellos son los olvidados y no debe ser así, pues también son ciudadanos.

El gobierno tiene la obligación de desarrollar políticas nacionales que contribuyan a erradicar la pobreza, tanto absoluta como relativa enfocándose en las necesidades básicas principales e inyectar los recursos necesarios para establecer un nivel económico que defina el nivel de vida adecuado que satisfaga las necesidades básicas de los ciudadanos. Para lograr este objetivo el gobierno debe utilizar debidamente los fondos establecidos para disminuir o eliminar la pobreza, ya sea a corto o a largo plazo.

Debido a que la gran mayoría de los pobres en la República Dominicana son agricultores o ciudadanos de zonas rurales, es importante promover libertades económicas que fomenten la iniciativa empresarial entre los agricultores y ciudadanos rurales e incentivar la modernización de la agricultura. La falta de voluntad de los gobiernos y las elites feudales, las instituciones ineficientes, la corrupción, y las excesivas cargas burocráticas son los principales obstáculos para el desarrollo agrícola. El gobierno debe incentivar la inversión y ganarse la confianza de las empresas agrícolas y textiles locales y extranjeras, para evitar que colapsen como han colapsado algunas de las empresas de zonas francas que han cerrado sus puertas.

La intervención pública debe enfocarse en establecer un sistema riguroso en la educación y la salud general de la comunidad. La mala educación al igual que la mala salud afecta gravemente la productividad. Por eso algunas empresas han establecido programas de bienestar laboral para mejorar las condiciones de vida de sus empleados, incluyendo la educación y la salud, como consecuencia han obtenido incrementos a favor de la productividad, la moral, y la lealtad.

Es injusto reducir presupuesto de suma importancia como educación y salud, pero más injusto es cuando los fondos son asignados y nunca llegan a los destinatarios. Para corregir este mal, el gobierno debe implementar programas de mejoras al bienestar de sus empleados, y de sus ciudadanos, quienes además de las necesidades básicas ya mencionadas, también deben incluir infraestructuras de viviendas, escuelas, hospitales y carreteras, las cuales aumentarán significativamente la economía y reducirán la pobreza. Aunque todo esto ya se ha dicho innumerables veces, es mi responsabilidad como ciudadano repetirlo hasta que se mejoren las condiciones de vidas de los conciudadanos olvidados por la burocracia.

La verdad manipulada

Para obtener una comprensión adecuada de lo que es la verdad o la mentira se necesitan años de estudios y observación de conducta de personas al decir verdades y mentiras, y los resultados de estas. De acuerdo a las teorías de la mente durante el desarrollo humano, las personas poseen la capacidad mental de decir la verdad o mentir. Esto se nota a temprana edad, generalmente se aprende a mentir a partir de los cuatro años para evitar el castigo por las travesuras. En esta etapa del desarrollo, los niños a diferencia de los líderes políticos que dicen mentiras increíbles, carecen del concepto para juzgar si una declaración es creíble. A esta edad, los niños ni siquiera conocen el concepto de credibilidad, pero los líderes políticos antes de los cuatro años de profesión política son capaces de juzgar y conceptualizar la credibilidad.

Me tomo la libertad de recordarles que en física cada acción provoca una reacción, en política cada teoría tiene una oposición, en esta última las teorías son comparadas a teorías similares u opuestas, para poner de relieve su justificación. Para mejor comprensión, aquí desenmascaro a Nicolás Maquiavelo, el malo de la película, quien en política representa las teorías polarizadas de izquierda o derecha, para manipular la verdad con prácticas rudas carentes de moral, influenciando a un sin número de líderes políticos y ciudadanos con teorías, hasta cierto grado coercitivas.

Como cada acción, y cada teoría política provoca una reacción u oposición, encontramos a Tomas de Aquino, El Santo, nuestro Ángel de la Guarda quien luchó por nuestra defensa, en representación de la verdad no manipulada, y de la honradez, de ser vencido el Santo por las ideas maquiavélicas quedaríamos expuestos a la intemperie, a menos que el Chapulín Colorado intervenga en nuestra defensa.

El caso es que este héroe, de mi niñez, a diferencia de Santo Tomas de Aquino, quien hace miles de años dejó de existir como ser humano, es héroe con características que solo existen en ciencia ficción; por tal razón nosotros como ciudadanos debemos ser los defensores de nuestros derechos. En el contexto de derechos del ciudadano también existe el derecho a conocer la verdad. Si los líderes políticos desconocen el concepto de las palabras verdad y mentira; nosotros lo conocemos, por lo tanto no debemos permitir bajo ninguna circunstancia que se insulte nuestra inteligencia.

Algunos líderes políticos tienden a ser propensos a mentir habitualmente, mientras otros son propensos a ser honestos. Simplemente parece ser que la mayoría asume que sólo el punto de vista suyo es válido y no puede comprender qué los demás pueden ver las cosas de modo diferente. Estas personas con facilidad muestran su esmero por engañar a otros, o muestran con dificultad la verdad u omiten los enlaces de la verdad, lo cual sugiere un vínculo entre la capacidad y la falta de honradez y la integridad moral en el funcionamiento de la ética, a menos que estas personas tengan ética.

Se ha determinado a través de estudios y experimentos psicológicos que cuando las personas tardan mucho tiempo en decir lo que deben decir, o hablan con "caramboleo", generalmente están disfrazando la verdad ya que decir la verdad no requiere de mucho esfuerzo, ni de muchas palabras. Aunque reconozco que no somos perfectos y que estamos expuestos a muchos males, incluyendo la mentira, censuro la conducta repetitiva de esta índole que desafortunadamente es una estampa en la conducta de los líderes políticos dominicanos, quienes hablan mucho pero dicen poco, y rara vez cumplen con lo poco que dicen.

Las personas honestas no manipulan la verdad, no la distorsionan, ni la omiten. Toda manipulación objetiva o subjetiva la convierte en mentira. La mayoría de los líderes políticos, como manipuladores de la verdad, se han convertido en puros mentirosos, al menos desde mi punto de vista.

Crítica constructiva
de moral y cívica

Moral y cívica es una parte integral en la formación social de los seres humanos en el contexto de libertades y respeto amparado por normas que establecen responsabilidades, disciplina moral y profesional o ética en cada individuo o grupo social.

Responsabilidad moral es un sistema de comportamiento y opciones relacionados a las normas de conducta, buena o mala, y la obligación que cada ciudadano posee para hacer las cosas debidamente y aceptar las consecuencias de los actos cometidos de acuerdo al mando de los estatutos. La disciplina es un estado de formación que conlleva un gran sentido de conducta ordenada que recae en lo personal o moral y en lo profesional o ético. Tanto lo moral como lo ético son el conjunto de actitudes derivadas de la sociedad y de las instituciones gubernamentales y privadas.

La responsabilidad moral, la disciplina, y la ética pueden ser medidas proactivas o retroactivas de formación individual o colectiva las cuales para obtener resultados positivos, deben ser preservadas y sostenibles las 24 horas del día, excepto por aquellos ciudadanos afectados por incapacidad o trastornos mentales. Esas medidas de formación se reflejan en el desempeño de los quehaceres, en la auto-capacidad, y la auto-voluntad de ejecutar labores difíciles cuando sea necesario aunque en el proceso sacrifiquemos preferencias personales.

Para obtener los resultados deseados, las instituciones gubernamentales o privadas establecen reglamentos que proporcionan estructura para el buen orden y funcionamiento. Nuestro gobierno, nuestras Fuerzas Armadas, y nuestra Policía Nacional no son la excepción, ya que deben emplear este conjunto de prácticas filosóficas para guiar a sus miembros a actuar de una manera coherente con los valores y normas establecidas por la tradición gubernamental y militar para hacer cumplir las condiciones de rigor en su estructura administrativa acorde con las perspectivas e intereses nacionales.

Es primordial para nuestro gobierno, las fuerzas militares y policiales, mantener un estado de conducta ordenada que permita el desarrollo en tiempo de paz, y la ejecución eficaz de las metas pautadas para la contienda. Nuestras fuerzas militares y policiales deben estar preparadas para cualquier evento, en cualquier momento, y no dudo que lo estén; lo que dudo es la autocapacidad y la auto-voluntad disciplinaria de algunos de sus miembros, que tal vez no son la mayoría, pero la afectan positiva o negativamente. La falta de conducta de uno se refleja en todos aunque no necesariamente todos violen las normas. Por eso es sumamente importante establecer un sistema disciplinario comprensivo que incluya gestiones y técnicas de liderazgo para hacer cumplir las normas de las instituciones.

Existen numerosas técnicas para prevenir la falta de disciplina, las cuales los oficiales y suboficiales, conocen muy bien, pero no han podido ser consistente en la aplicación de esas técnicas de prevención, porque centran su atención en otros problemas, que tal vez para ellos, no tienen nada que ver con lo moral o con la ética, pero que en realidad si tienen algo o mucho que ver con ambas.

Cuando el sistema preventivo falla y los empleados rehusan entender el significado de responsabilidad, disciplina moral y ética es porque son incapaces de aceptar las consecuencias inherentes a sus funciones. Para cambiar ese estado de actitud es inminente la imposición de penas judiciales. En ese momento se pone de relieve la importancia de mando y de comando de los oficiales y suboficiales, es un asunto que no debe ser tomado a la ligera.

Es inaceptable cuando empleados gubernamentales o privados, soldados y policías violan los estatutos de tal manera que todos quedan embarrados permanentemente a nivel nacional e internacional, y peor aún, cuando la justicia civil, militar y policial se hace de la vista gorda frente a esos casos.

Es increíble asociar a nuestros funcionarios gubernamentales o privados, soldados y policías al narcotráfico y al lavado de divisas. Es increíble que nuestros soldados se despojen, o que presten sus armas como si estas fuesen paja de coco. Es increíble que nuestros soldados vistan el uniforme que les dé la gana: a veces un uniforme de camuflaje, viejo y descolorido, mezclado con uniformes que no son de camuflaje, con botas y zapatos sucios; es increíble que nuestros soldados vistan ropa interior inapropiada como franela de colores que contrastan con el uniforme y a veces con consignas políticas, por ejemplo: con fotos y nombres de algunos candidatos políticos; es increíble que algunos de nuestros soldados y policías no usen correas, esto es evidente ya que con frecuencia se observa algunos subiéndose los pantalones para que no se les caigan.

Desafortunadamente, todo lo dicho anteriormente sucede. Tal vez es parte de la nueva moda, pero sería verdaderamente increíble ver algún militar de rango superior involucrado en estos asuntos, y menos mientras acompaña al presidente de la república, esto no sucedería.

Para prevenir ese mal existen investigaciones e inspecciones, pero esas investigaciones e inspecciones, me imagino, han pasado de moda. Pues los funcionarios y empleados gubernamentales, así como los militares y policías, pueden hacer lo que les da la gana. Me imagino en un futuro no muy lejano se pondrán chancletas, en vez de botas o zapatos, se dejarán crecer el pelo, vestirán argollas en las orejas, y en la nariz y quien sabe en qué otra parte del cuerpo. Antes de que eso suceda recordemos que la apariencia militar es percibida positiva o negativamente por la sociedad, y por los turistas y visitantes.

Yo, particularmente, no viajaría a un país en donde la apariencia gubernamental, militar y policial estén en deterioro porque es indicativo del deterioro mismo de la sociedad que representan. Un país en deterioro no puede ofrecer seguridad a sus visitantes. En Latinoamérica, por ejemplo, existen países donde el turismo ha declinado significativamente y las pérdidas, en material humano y económico, han sido cuantiosas, todo esto debido al deterioro de la responsabilidad moral y ética cívico-militar.

No olvidemos que esos tres pilares de las ciencias filosóficas han sido de suma importancia en los triunfos de los grandes líderes del mundo. Tomemos como ejemplo a los padres de nuestra patria Duarte, Sánchez, y Mella y todos los patriotas que han nacido en nuestra tierra, quienes, indiscutiblemente, han contado con un nivel elevado de moral y cívica que dicho sea de paso ya no se imparte en nuestras escuelas.

Ironías de la vida: historia de otro campesino dominicano

Esta historia corresponde a un joven descendiente de agricultores que por generaciones cultivaron los surcos de El Peñón de Barahona, cuyo padre se alejó de los campos y se marchó a la capital con la esperanza de cambiar el rumbo de su destino. Se enlistó en las filas del Ejército Nacional, pero la Revolución de Abril (La Guerra del 1965) le sorprendió con la carta equivocada y desilusionado cumplió con su contrato y pidió la separación del ejército (La Baja).

Él decidió salirse del ejército para dedicarse al bienestar de su familia y de esa manera prevenir que corrieran la suerte de los que se quedaron detrás de él. No permitió que sus hijos trabajaran porque esa era su misión, sus hijos sólo debían estudiar para que se forjaran un mejor futuro. No se imaginaba que uno de sus hijos le seguiría los pasos, el mayor de ellos, quien desde muy pequeño quiso ser militar. El joven agotó todos sus esfuerzos para continuar los estudios universitarios, al tiempo que intentaba ingresar a la academia militar, pero como dicen por ahí, sin CUÑA, o sin un PADRINO influyente no se llega a ningún lugar en este país.

Entre relatos recordó a un capitán sureño, que le dijo: "Carajo, da pena que un muchacho con tan altas calificaciones se quede fuera porque se perdió la depuración (investigación criminal)".

Ese joven se enfocó en su capacidad intelectual y ha ganado experiencia y reputación, la cual está dispuesto a compartir con sus hermanos barahoneros.

Al final, los años de estudios en la universidad y sus aspiraciones a la academia militar le sirvieron para avanzar en la vida, no pudo conseguir trabajo en su país, pero las arduas labores del campo y las largas y necesarias caminatas le forjaron un cuerpo fuerte para correr y subir montañas con botas, fusil, municiones, y más de 50 libras de peso en las espaldas, que le ayudaron a conseguir lo que su país natal le negó "ser un militar y un profesional honrado que defendiera los derechos de su nación y sus compatriotas sin importar intereses políticos como se hace en los países verdaderamente democráticos".

Al joven no se le han subido los humos a la cabeza, no pertenece a ninguna agrupación política, no se ha vuelto multimillonario, no le ha comprado una mansión a sus padres, no se ha comprado un apartamento de lujo en una torre de la capital y tampoco se ha comprado una villa en un complejo turístico del Este del país para él y su esposa vacacionar. Tampoco pertenece a la élite, ni a la crema nata de la República Dominicana.

El joven, convertido en un caballero humilde, está planeando un proyecto con el objetivo de implementar un programa de desarrollo y apoyo social para la provincia "Barahona" y otras zonas aledañas, para que personas como él, a los cuales su país les niega la oportunidad de trabajar después de muchos años de estudios y vicisitudes, puedan ser ciudadanos útiles a la misma sociedad que les negó todo.

Las cosas que pasan en nuestro país, a la vista de todos, no tienen madre, ni padre, ni madrina, ni padrino, ni la bendición de un cura que los bautice, y como el que no se bautiza se muere sin padrino, juzguen ustedes lo que le podría suceder a la provincia de Barahona que nunca ha tenido padrino.

Contenido

www.ingramcontent.com/pod-product-compliance
Lightning Source LLC
Chambersburg PA
CBHW051739250726
48659CB00001B/146